Detfunt l'Ugène

Suivi de *Histoires de mon pays*

Monologues patoisants

ISBN : 2-915484-11-2
Coordinartion éditoriale : Gilles Boizeau
Conception graphique : Isabelle Fomproix

Pascal PAUVREHOMME

Detfunt l'Ugène

Suivi de *Histoires de mon pays*

Monologues patoisants

La Bouinotte

Du même auteur :

Un Obscur dans la nuit
éditions La Bouinotte, 2001

Les Vins du Berry, des terroirs et des hommes
éditions La Bouinotte, 2004

Six Mois de l'année
éditions Hemma, 2004

Pour Christophe, Aline et Fanny

“Je me levais avec le soleil et j’étais heureux ; je me promenais et j’étais heureux (…) ; je parcourais les bois, les coteaux, j’errais dans les vallons, je lisais, j’étais oisif ; je travaillais au jardin, je cueillais les fruits, j’aidais au ménage, et le bonheur me suivait partout : il n’était dans aucune chose assignable, il était tout en moi-même, il ne pouvait me quitter un seul instant.”

Jean-jacques ROUSSEAU, *Les Confessions*

Au Lecteur,

"Encore un livre du temps passé, me direz-vous, qui sacrifie au goût du jour, encore une berriauderie qui singe nos grands-parents, une pochade mièvre qui parle du temps jadis ou d'un âge d'or révolu."

Que de critiques ! Je suis heureux de les avoir faites moi-même et de garder une confortable encolure d'avance sur mes détracteurs potentiels.

Mais ces coups de boutoir ne laissent pas d'être fondés. J'objecterai seulement à tout cela qu'on peut emboîter le pas d'un courant de mode sans pour autant verser dans l'hypocrisie.

Le regain d'intérêt, désormais assez partagé, pour le passé agricole de nos pères n'a fait qu'attiser davantage le tenace sentiment des racines qui m'a toujours habité. Et cette coïncidence des deux a fait naître ce petit livre.

Peut-être ce dernier sera-t-il d'ailleurs de peu d'intérêt auprès de ceux qui n'ont pour langage que celui de la télévision, de l'école ou de la rue. Mais ceux qui aiment la langue des chemins de campagne qui fleure l'herbe folle et la sueur de l'ouvrage goûteront sans doute ces quelques monologues d'un vieil homme de la terre.

Ils racontent simplement, le temps de quelques pages, un peu de nos coutumes passées et, surtout, un mode de pensée, un état d'esprit que le modernisme ont fait progressivement disparaître.

Fils d'agriculteurs, j'ai quitté le monde paysan. Je me devais alors de me "libérer" de cette expérience passée avant que l'oubli ne la gomme, avant qu'elle ne soit enfouie sous le poids de la vie urbaine. Et la mémoire m'a soufflé ces parlures de mon pays. Pourtant, les puristes de la langue m'accuseront sûrement d'être un faux témoin de l'authentique patois berrichon. Comme ils auront raison !

En effet, je n'étais pas né que les parlers régionaux avaient déjà cédé le pas à une langue unique. Je n'ai connu alors qu'un berrichon francisé où ne subsistaient que quelques tournures typiques, quelques mots savoureux et des bribes d'accent rocailleux. Qu'ils soient rassurés cependant car, à défaut d'être un chantre du berrichon "classique", j'ai été dans ce petit livre un honnête porte-parole de la langue de mon enfance. Et tant pis si d'aucuns trouvent qu'il ne s'agit pas là de la véritable langue de leur Berry.

Pour terminer, permettez-moi cet ultime conseil avant que vous ne commenciez à lire. Lisez, certes, ces histoires, mais surtout, dites-les, mimez-les, car ce sont là quelques saynètes, quelques instantanés qui ne réclament la vie que par la voix, le geste et l'accent de notre terroir.

J'ai pris grand plaisir à imaginer ces monologues, puissiez-vous faire de même en les parcourant.

Detfunt l' Ugène

Detfunt l' Ugène, ç'atait nout'e maire,
Trente ans d'écharpe dépus la guierre.
Point d'étiquiette su' ses idées,
C'atait pas c'qu'il préoccupait.
Il 'tait putôt coûté pésan,
Savait les vignes et pis les champs,
Les locatures de sa coummune,
Buvait anc tou' un canon d' prune.
En politique, i' t'nait l'milieu :
"C'est toujou's là qu' les chemins vont l' mieux."
D'ailleurs l' Ugène, pour c' qu'est des chemins,
Pour sûr qui nous en prenait soin.
I f'sait rouler toutes les z' années,
Des cailloux à pleines bérouettées
Pour qu'à l'hiver, i' roulint mieux,
Qu' i' pattint pas, qu' i' souéyint neus.
I' fasait fai' toutes les bouchures
Pour que nos chemins ayint d' l'allure,
Pis qu' ça t'attrape pas la figure
Quanque t'es siésé su' la vouéture.

Lui qu'amait pas les étiquiettes,
I' t'y en ont joué une air point bête :

Detfunt l'Ugène

Il a une rue rin qu'à son nom
Dans l' vieux quartier du Guerluton :
"Rue Ugène Blin, maire du pays"
Et par en d'ssous, ses dates de vie.
Il a tout fait en trente z'ânnées :
J'y d'vons les iaux du robinet,
Les caniviaux su' la chaussée,
Les éclairements des vieux quartiers,
Un ravalement pour l' curé,
La fouère aux bêtes du dix de mai.
Qui-ti encore que j'te dirais,
Tellement, tellement qu'il en a fait.

Il 'tait point bête, c't animiau,
Il en avait s'ment dans l' têtiau.
Pour l' banquiet des vieux anciens,
Ou la r'mise des prix aux gamins,
J'aurais voulu qu' tu me l'entendes :
Coumme un Député dans sa Chamb'e !
L'mieux qu'i' causait, quand minme, bon diou,
C'est quanqu'il avait son p'tit coup.
I' s' craignait p'us, avait point d'gêne :
Il 'tait timide, detfunt l' Ugène.

C'est l' maît'e d'école qui t'nait l' cahier,
Les écritures, ça l'embrouillait,
Mais s'ment point tant qu' les liméros
Qui y dounnint l' mal de çarviau.

Detfunt l'Ugène

I' faut vous dire qu'à ses treize ans,
I' m'nait déjà les chevaux aux champs.
Dame, il avait pas guière eu l' temps
D' mouésir à l'école su' les bancs,
Mais les mondes, i' les counnaissait,
Les confessait mieux que l' curé.
Dépus trente ans qui t'nait l' régiss'e,
Il en savait par cœur la liss'e.
Toutes les miséres, tous les plaisi's,
Avaient pâssé dans sa mairrie.

Ah ! Moun Ugène, si tu r'venais !
Non mais des foués, si tu vouéyais
Coumme i' d'vint fait ton p'tit pays :
J'ons dounné dans la berdinerie.
Ton remplaçant, tu l' counnais bin,
C'est c'grand dordet d' Bâsile Blanchin.
I' dit que l' maire, c'est une "édile",
Moué, j'dis p'utôt une imbécile.
Paraît qu'il a suivu l'école
Dans la prospectation d' pétrole.
"Dame, c'est une tête", qu'a' dit sa m'man
Tête de conneau, oui, ça sûrement !
Il ar'counnait minme pas les gens.
Faut dire qu'i' reste pas au pays,
Il a sa mainson à Paris :
"Pus d' cent mèt'es, ma p'tite, su' les Champs,
un paradis", qu'a' dit sa m'man.

Cent mèt'es de champ, c'est qu'une hectâre,
Ca douét pas l' fai' débaucher tard !

I' veut nous fai' un lotissement
Su' l' faît d' la route, à l' Arpent blanc,
Là voù qu' t'avais tes p'us bons champs ;
I' s'arrangeont anc tes enfants.
I' va nous planter deux usines
Cont'e la mainson à l' Albertine.
Paraît qu' là voù qu' a' s'installont,
Ca fait cuerver tous les possons.
Mais c'est une as pour c' qu'est des chemins,
Pour sûr qu'il est bin p'us malin :
I' les a tou' fait goudrounner,
Minme ceux-là-là du fond des prés.
Toutes nos bouchures, c'est pas manquab'e
A' vont fini' en piss'es cyclab'es.
Il a minme dit qu'y a du pétrole
Su' la cheinte de vigne à Natole ;
A' va pâsser à la casserole.

I' nous disait aux votations :
"Nous, la politique que j' menons,
C'est point celle-là des impuissants,
Nous aut'es, j' savons aller d' l'avant."
Eh ! p'tit conneau, d'mande à ta m'man
Si l' Ugène, il 'tait impuissant,
Si i' marchait mal de l'avant
Dans les bouchures, à l'Arpent blanc !

Detfunt l'Ugène

Tu sais l'Ugène, quand j' voués tout ça,
Moué, ça m' fait grous su' l'estoumac.
Mais c'moniau-là, ça m'étounnerait
Que je l' gardins trente ans coumme toué :
"I' l'attendont, qu'a' dit sa m'man,
pour l' pétrole dépus longtemps
dans ceux déserts de l' Arabie.
Dame, vous pensez, une tête coumme lui !"

Eh ! Bin tant mieux, prénez la tête
Et pis tout l' ress'e ; j' vous dounne la bête.
Là, mes pétits, y en a pour cher,
I' va vous goudrounner l' désert.
Pis sans voulouèr vous coummander,
Gardez-le bin, vous s'rez sauvés !
Mais pas tant qu' nous,
Crénom de diou !

La Rue d' Laleu

Moué, j' dis des foués que j' vaux pas cher,
Ni su' l'endrouet ni su' l' dévers ;
Mais y a l' Batiss'e du Guernouillat,
Il est- ti tôrs, c'te affaire-là.

L'aut'e de ceux jours, des Parisiens,
L' pére, la mére pis les gamins,
I' s'arrêtont au d'vant d' cheu z'eux
Pour y d'mander la rue d' Laleu.
Ils 'tint pardus, ceux pours chers gens,
I' virounnint d'pus cent sept ans
Dans les nids d' poule, les gassouillats
Pour atterri' au Guernouillat.

Batiss'e, i' piouchounnait soun ail,
I' fasait ceux qu'ont du travail.
Y avait du temps qu'i' les vouéyait
Sans décesser d' piquier du nez.
I' s'est calé su' l' manche de pioche,
Il a sarché dans l'fond d'sa poche
Un mouchouèr pour se tourchounner.
Pour sûr que ça y a pris du temps…

I' s'est mouché dans l' sens du vent,
Il a r'mis son mouchouèr au chaud,
S'est dépatté les deux sabiots,
Et pis, tout en s' curant les dents,
I' y a dounné son renseignement :
- La rue d' Laleu, qu' vous m'avez dit,
Vous tombez bin, j'seus du pays.
(A moun avis, nos Parisiens,
Minme s'i' z'étint pas bin malins,
I' z'avint vu, ç'atait tout net,
Que c' piocheux d'ail sous sa casquiette
Qu'atait parquié dans son jardin,
I' pouvait pas v'nir de bin loin.)
Ca fait qu'il a don' continué :
- V'allez vouèr, c'est pas compliquié.
V'allez r'culer d' mon tas d' fumier
Sans m'acraser tous les poulets.
V'allez prend'e l' chemin pierré,
Là voù qu' v' avez pâssé trouès foués,
Prend'e à main drouète un ch'tit sentier,
Et pis là si v'êtes pas bordis,
Ca vous mènera jusqu'au pays
Par du coûté d' la pharmacerie.
Vous la pâsserez, pren'rez à drouète,
Tout juss'e au jus d' la bouète à lett'es,
D'ailleurs, j' vas vous dounner une lett'e ;
J' f'rai pas péter la Mobylette.
C'est pour l'envouéyer au gamin

Qu' il est chasseur dans les Alpins.
Pernez à drouète et pis tout drouet.
Voueyez qu' c'est pas bin compliquié.

Y a la bounne femme dans la vouéture,
A' pernait tout en écriture,
A' fasait rin qu' des dessinures
Anrec des plans pis des figures.
Et par darriére, les deux gamins
Sautint partout en fasant l'foin.
Nout' gârs devenait un peu narveux :
- Oui, mais mon brave, cette rue d' Laleu ?
- Deux foués à gauche après l' café,
Enter' l'église et pis l' boucher ;
Vous pouvez pas guière vous tromper,
On peut tomber qu' cheu l' boulanger.
Fau'ra aller y prend'e vout'e pain
Sinon, c' tordu, i' dira rin.
D'mandez-y don' à lui, pa'ce que…
Moué ça m'dit rin, vout'e rue d' Laleu.

Mon mouchouèr

Dans mes poches de culotte, y en a une attirail :
Toujou's un bout d' ficelle, trouès, quat'e pointes en ferraille,
D'un coûté mon tabac et pis d' l'aut'e l' coutiau
Sans l'aubellier bin sûr mon mouchouèr à cârriaux.

C'est qu'un mouchouèr, mes pou'res chers mondes,
ça sert à tout,
Minme à des foués aussi pour se moucher un coup.
Mais j' vous avoue quand minme qu' ça m'arrive pas souvent.
Anvec l' plat du pouce, torné dans l' sens du vent,
Ca dégage aussi bin quanque t'as l' rhume de çarviau,
Et pis ça t' salit pas ton mouchouèr à cârriaux.
Y en a qui y cupont, c'est-ti ça raisounnab'e ?
Pour moué, c'est du biau linge, tout aussi respectab'e
Qu'une culotte de d'moselle ou qu'une sarviette de tab'e.

Quanque la maîtresse a' l' sôrt, tout prop'e de soun ormouère,
Bin pleyé au cârré, raidi coumme un grimouère,
Ca m'émagine chaque foués qu' c'est quasiment une neue
Tellement qu' il a d' l'allure, rayé d' ses bârrures bleues.
Avant de l'empocher, j'y mets du senti-bon,
J' me tourchounne la figure, j' m'en pâsse sur l' châgnon.

On a biau d'êt'e une houmme, quanque c'est l' jour
de touellette,
Faut c' que faut, mes mignons, on n'est pas des gobettes !

A des foués qu' j'ai trop mal aux raidissures du cou,
Que j' finis ma bordée quasiment su' les genoux,
J' m'en fais coumme un bouchon que j' tampounne
d'eau-de-vie forte,
Pis, hardi mon pétit ! J' me fricasse, j' me frotte :
Ca m' brûle sous toute la piau, ça m' fait rougi' la couenne
Mais ça m' sôrt la misére sans que l' médecin i' veinne.

Quanque la grand chaud d'été vous tombe sur l' cacoué,
Qu' la suée vous colle au côrps, vous met la goutte au nez,
J'ar'tins d'un coup ma pioche et j' pâsse mon
mouchouèr bleu
Doucement su' ma figure, su' c' que m' barbouille les yeux.
C'est coumme une main du ciel qu' a' vint fai' son ménage,
Qu'a' vous nettouéye vout'e âme, vous ar'met à l'ouvrage.

Quanque la pleue du printemps, bin douce et bin poussante,
A' fait fleuri' dans l'omb'e, su' les cosses, dans les sentes,
Des oreilles d'orme toute fines, mais qu'on sent rin qu'au nez,
J' les fourre dans mon mouchouèr sans les dégarciller.
J' les prends coumme un câlice, coumme un p'tit nid
d' moniau :
C'en tint une bounne cuisine dans c' mouchouèr à cârriaux.

Quanque j' rentèr' des champs, surtout l'été, les souèrs,
J'ar'pâsse par mon varger qu'est grand coumme
un mouchouèr.
Y a mes prunes de juillet qu'a' sont quasiment bleues.
J'affûte les prémiéres pêches qu'a' molinont un peu.
J'y dounne un p'tit coup d' pouce et j' les cueille sans forcer ;
J' les pose dans mon mouchouèr de craind'e de les cosser.
Les quat'e coins bin r'troussés, j' conduis ça coumme des œufs.
J' les dounne à la maîtresse. Coumme on est qu' tous les deux
Et s'ment pas d' grand-dépense, ça f'ra l' manger pis l'bouère :
Ca l'aura pour quinze jours parfumé mon mouchouèr.

Ceux mouchouèrs à cârriaux, c'est p'us bin à la mode,
Ceux-là-là en papier, paraît qu' c'est p'us coummode.
Moué j' dis qu' c'est tout juss'e bon à s' curer les nâsiaux.
Ca vous tin'rait minme pas une pognée d' bigârriaux !
C'est vrai qu' i' faut tout j'ter : les mouchouèrs coumme
les vieux.
Mais quanque j' s'rai flâpi, tout cossé, tout goutteux,
J' me souvin'rai toujou's qu' i' m' pâssait sa grande main,
Qu' i' m' ram'nait mes cueillettes des bouès pis du jardin.
J' m'en rappellerai toujou's, minme si j'ai p'us d' mémouère :
Y aura dans l' fond d' ma poche un nœud à mon mouchouèr.

La Légende de la tache

Ce poème a été écrit à la demande du poète Henri Pichette (Châteauroux 1924 – Paris 2000) dont l'œuvre poétique est publiée chez Gallimard, collection NRF. Le texte s'inspire de la légende selon laquelle le rouge-gorge, autrement appelé "rouiche" en Berry, était à l'origine tout gris. C'est en ayant voulu retirer le clou d'une des mains du Christ en croix qu'il se serait taché. Depuis ce jour, il arbore son beau poitrail rubicond comme une récompense divine.

Au venderdi d'avant les Pâques,
I' z'avint mir'e une crouèx pour chaque :
Aux deux voleurs, deux en ch'tit bouès
Et su' une grousse, y avait au faît
L' gârs au Bon Dieu, le p'tit Naulet,
Pend'lé là-haut coumme du gibier,
Coumme une sale bête à bofuter.

Du faît d' sa crouèx, l' gârs au Bon Dieu
R'gardait les mondes de tous ses yeux
Sans bin comprend'e toute yeu' ch'tit'té,
Lui qu'avait fait rin qu' les aimer.

Au pied d' la crouèx, y avait Marie,
La m'man si bounne de c' pou're pétit,
Et la Madeleine et pis l' Saint-Jean,
Souffrant misére et pis pleurant.

Mais à coûté sautait une rouiche
Pas p'us grousse qu'une pognée d' gârriches.
Al' 'tait toute grise dans son paletiot
Et dans son cœur de p'tit moniau ;
A' vouéyait péri' su' sa tête
L' dieu des mondes et pis des bêtes.

Alors, acoutant son courage
De bête pas faignante à l'ouvrage,
Al' a volé su' l' bout d' la crouèx,
R'gardé la main et les pou'res douègts
Du dieu des bêtes et pis des mondes.
Et la rouiche, dans sa p'tite tête ronde,
A' s' dit qu' i' fau'rait arracher
La pointe de c'te main debzillée.

A' tape des pattes et pis du bé'.
Hardi pétit, moué j' t'arracherai !
Mais la pou're bête bintôt vannée,
De tant s' secouer sans décesser,
Descend d' son guche toute fatiguiée.

Et tout d'un coup, nout'e p'tit moniau,
R'gardant les plumes de son paletiot,

Vouét coumme une tache su' son jabot.
L' sang d' la main était tombé :
Toute rouge sa gorge s'était tachée.

Alors s'est envolée la rouiche,
Pas p'us grousse qu'une pognée d' gârriches.
Yelle, qu'atait grise dans son paletiot
Et dans son cœur de p'tit moniau,
Avait d' la lumiére au jabot
Et dans soun âme de p'tit ouèsiau.

Zidore Galipiaud

Messieurs, les dames de l'assemblée,
Parmettez-moué de m' présenter :
Zidore Galipiaud,
L'artiss'e en sabiots,
L'étouèle des Berriauds.

Oh ! Vous counnaissez bin mon nom,
Y a p'us d' trente ans que je l' vouéyons
Su' les affiches de nout'e canton.
J' fais des histouères à ma façon,
Su' l' vieux pays, su' nout'e Berry,
Motié souvenances, motié menteries.
J'y cause de tout pis d' pas grand chou' :
De moué pis d' vous ; des p'tits, des grous,
Du chaud, du froued, d'la pleue, des nuages,
Du p'tit pésan à soun ouvrage,
Des vieux du coin qu' avont p'us d'âge
Vou bin d' la peur du grand vouéyage.

Ca m'émagine que mes histouères,
Vous les avez dans vos mémouères,
R'tenues bin mieux, c'est pas curieux,

Que l' catéchiss'e, qu' la tab'e des deux.
J' vas vous rappeler queuques uns d' yeu' noms
D' mes histouères à ma façon.
C'est moué qu'a écrit, pensez don',
L'histouère des "trouès chieuves à Tayau",
Pis la "batteuse à Maît'e Ballaud."
Y avait du cœur pis d' l'amusement
Dans mes histouères sur l' vieux temps.
Hein ? Hein ? Vous vous en rappelez-ti ?

Ca vous dit rin, à vous aussi.
Ah ! bin, v'êtiez p't-êt'e bin pas nés
Ou la souvenance vous a manquié.

Qui qu' c'est qu' vous m' dites que v'aimiez l' mieux ?
J' vous entends pas, bâillez un peu…
Ah ! c'te ch'tite histouère des lapins !
Non, c'est pas d' moué, mais ça fait rin.
Oui, ça, les goûts, ça s' discute pas,
Mais c'te histouère-là, je l'aimais pas.

Moué, pensez don', c'est pas banal,
J'ai eu ma photo dans l' jornal,
Une grande photo où c' qu'on m' vouét d' dos,
Où c' qu'on r'counnaît bin mon chapiau.
C'atait la Nouël des vieux d' l'hospice…
Vou bin la fouère à la saucisse…
J'en ai tant fait d' ma vie d'artiss'e
Qu' mon vieux têtiau prend p'us d' sarvice.

Detfunt l'Ugène

Quanque vous pensez qu' à l'assemblée
Du cochon gras à Trimouillay,
On l' 'tait cent trouès à m'acouter.
J' suis sûr du compte, j' les ai comptés.
Sans causer des gamins du d'vant
Qui m'envouéyint tout l' long du temps
Des nouéyaux d' guigne sur l' bigeoué'
Pis qui bâillint, ceux animiaux :
"Je l'ai tapé l' vieux basiot,
A toué bin vite, i' bâille du bé'."
Ca l'a fait ri' toute l'assemblée,
I' z'ont pâssé une bounne souèrée !
Y a minme l' maire qui voulait v'ni'
Mais…
Sa vache avait vêlé la nuit,
I' se r'posait c't houmme dans son lit
De ses douleurs de l'enfantement.
Pensez, une houmme de souéxante ans,
Pour fai' un viau d' vingt-cinq kilos,
Des coups à y laisser la piau.
Mais i' r'grettait sûrement d'pas v'ni'.
C'atait la glouère dans son pays :
Zidore Galipiaud,
L'artiss'e en sabiots,
L'étouèle des Berriauds.
I' m'ont payé tout en cochon,
En boudin noir pis en rillons.

Pensez don' qu'une artiss'e coumme moué,
Ca l'a forcément des "cachets."
Si j' vous disais qu' i' m'ont payé
A Châteauroux, pour yeu' grousse fouère,
Tout en galette aux poummes de terre.
Su' l' faît d' la bosse de Sancerre,
I' m'ont dounné dix lit'es de bouère,
Et pis à la frairie d' Freuillon,
Yeu' meilleures… considérations.

Mais qui qu' vous v'lez, l' monde i' vouét clair,
I' vouét bin qu'i' z'avont à faire
A Zidore Galipiaud,
L'artiss'e en sabiots,
L'étouèle des Berriauds.

Y aurait p't-êt'e guière que ceux ch'tits chiens
A pas voulouèr m'aimer trop bin.
J' sais pas si c'est ma grande culotte
Vou bin ma musette en ballotte,
Mais coumme j' suis tout déguisé,
I' sont toujou's après m' courser.
I' vou'rint bin m' dégarciller
Un morciau d' viande su' les jarrets.
J' me mouve l' côrps, les deux sabiots,
J'enfourche bin vite mon vieux vélo,
J'enfile les routes, j' leuve l' patin
Anc par darriére la meute des chiens.

Souvent des foués, j' finis mon ch'min
Dans l' fond d'une grange, tapé dans l' foin,
En attendant qu'i' s'en allint.

Alors, dans c' trou tout silencieux,
Voù qu' c'est qu' la nuit m'a pris les yeux,
J' me fais du chaud. Dans l' nouèr, j' pense :
J' me dis qu' c'est drôle c'te existence,
D'êt'e là, caché dans les ténèb'es.
Mais…
Qu' c'est ça la vie des gens célèb'es !

Ca s'est bin toujou's fait

Quanque ça vint la montée du temps,
Sitôt qu' l'hiver, al' est pâssée,
Y a mes vouésins, tu les entends,
Qui s' mettont à japper su' moué :
- Avouène ton chevau, mon vieux basiot,
Si tu veux fini' tes embleuves.
T'attends l' dégel ou t'attends l' iau ?
Nous, ça y est, la marsèche a' leuve.
Moué, j'y réponds : - Bin qu' a' leuve don',
Al' est coumme vous, al' a l' veson.
Avant Saint-Mar', ça y f'ra bon.
Faites-vous-en pas, j' vas bin tout s'mer.
Les embleuves ;
Ca s'est bin toujou's fait.

Quanque aux bouchures défleurit l'mai,
Les v'là déjà après tout f'ner.
Ca l' arsemb'e une épidémie,
Coumme la maladie d' la faucherie.
I' râpont tout : pacages et prés.
Sitôt coupé, sitôt serré.
Ca l'a tout juss'e l' temps d' sécher.

I' vou'rint bin m' fai' fougaler :
- Coupe don' tes foins, i' vont grainer.
Moué, j'y réponds sans m'ameiller :
- Faites-vous-en pas, j' vas bin tout f'ner,
Mes bêtes auront bin d' l'apidance,
A' z'ont jamais pâti d' la panse.
A' pren'ra bin l' temps d' vous faucher,
Celle-là du champ des allongés.
Les foins ;
Ca s'est bin toujou's fait.

Quanque su' les blés, la paille jaunit,
Dans les jambes, i' z'ont des froumis.
Tant pire si l' grain, il est pas mûr,
Faut tout couper, l' temps yeu' dure,
Sans décesser, à pleines bordées.
Ca prend pas guière l' temps d' graisser.
Les jours, les v'là p'us assez longs,
Minme dans la nuit, i' bourdounnont.
- Mais v'êtes don' fous, allez-y mou.
Moué, j' dis qu' ça r'ssemb'e à rin du tout.
Si j' tins encore à la fin d' août
Mais j'embauchons à peine juillet.
Qui faire que vous vous ameillez ?
La mosson ;
Ca s'est bin toujou's fait.

Quanque l' raisin c'mmence à sanger,
Allez, ça y est, faut vendanger.

I' s'eccupont pas des varjus,
On y mettra du suc' en p'us.
C'est coumme une bande de sansounnets.
Les vignes, a' s' vouéyont pas condui'.
Et pis les v'là à m'allucher :
- Tu veux don' les laisser pourri'.
Sôrs tes poinçons, prépare tes siaux ;
Manquab'e que tu bouèras qu' de l'iau.
C'est-ti qu' tu les laisses aux moniaux
Vou qu' tu crain'rais l' mal de dos ?
- Eccupez-vous pas d' mes douleurs.
Moué, j'y laisse prend'e de la couleur,
Que j'y réponds. Cueillez-les don'
Si v'aimez fai' d' la ch'tite bosson.
C'est pas du bouère à ma manié'.
Les vendanges ;
Ca s'est bin toujou's fait.

L'aut'e souèr, j'avins fini d' souper,
J' dis à Fonsine : - Vins don' t' coucher.
J'étais bin juss'e su' l' pouèl des reins,
Que v'là-ti pas que j' sens sa main
Qu' a' m' fourgounnait sur l' devant.
A' v'nait d' me faire coumme un coup d' sang.
J'y dis bin vite : - Veux-tu fini',
J' sons p'us d'une âge aux agaceries ;
On va laisser tout l' monde au lit.
Mais si tu croués qu' ça l' a r'butée,

Al' est r'venue à m'allucher :
- Arrive don' là, mon grous moniau,
Arrive don' vite, j' veux t' fai' la piau !
Mais tu gonfelles pas l'éderdon,
J' te sens bin pâle dans ton caleçon,
T'aurais-ti pas des foués l' pleyon ?
Moué, j'y réponds : - bouge pas mignon,
Laisse don' fai' un peu la nature
Minme l' pain mou, i' finit dur.
Ca va bin v'ni', sans s'agacer :
La bricole ;
Ca s'est bin toujou's fait.

Périére à la Marie

Tu m'excuseras si j' te dis tu,
Toué, la Marie d' l'enfant Jasus,
Tu m'excuseras si j' te dis toué,
La m'man si bounne du p'tit Naulet,
Mais j'ai l'envie d' te tutouéyer
Pa'ce que coumme ça, j' me sens p'us près.

Oh ! Ca, je l' sais, pour sûr de vrai,
Qu' t'en as bin d'aut'es à t'eccuper
Mais j' veux quand minme avant d' dormi'
Que tu m'écoutes un tant si p'tit.

Dis pas que j' te dérange souvent,
J' suis p'us taiseux qu' trop bin causant.
Vrai que j' me sens pas bon chrétien,
Que j' jure souvent coumme un païen,
Pis qu' dans ma vigne, j' pousse l' manche
Pendant qu' sounne la messe du dimanche.
Mais ça m'empêche pas d'y penser
Minme à piocher dans du garet.

Ton gârs, j'y cause pas coumme à toué.
J' me gêne de p'us, c'est pas pareil.

Ses écritures pis ses marveilles,
Ses belles histouères de paraboles,
Ses biaux mirâc'es de la Parole,
Pour en comprend'e rin qu' la motié,
Fau'rait sûrement qu'on souèye curé.

Mais toué, la m'man du p'tit Naulet,
T'as counnu la p'us grousse misére
Qu'on pusse counnaît'e su' c'te ch'tite terre
Pusqu' i' t'ont pris ton pou're gamin
Pour v'ni' "sauver tous les humains."
En v'là bin une consolation
Pour queuqu'un qui perd son garçon.
Alors que toué, t'avais pensé
Que vout'e boutique de charpentier,
Il aurait pu la continuer
Une foués qu' Joseph i' s'rait retraité,
Ou p't-êt'e s' mett'e en société
Pis l'embaucher une ouvérier.
Ton gârs, c'était pas un faignant ;
I' savait causer aux clients…
Mais t'as biau fai' pis t'as biau di',
Quanqu' c'est ça veut pas vous souri'.

Sûrement qu' queuque part, j' nous arsemblons,
Coumme deux vieux chevaux dans l' minme parçon.
C'atait pareil à la mainson.
J' comptins tous deux su' nout'e garçon,

Detfunt l'Ugène

Vu qu'il était fort coumme un chevau,
Qu'il aimait ses champs, ses bestiaux,
Qu'i' nous dounnait du contentement
P'us qu' j'en d'mandins. Oh ! ça sûrement.
J' vouéyins déjà qu' nout'e locature,
Fau'rait sûrement qu' j'en pousse les murs ;
A travailler tous les deux d'ssus,
Faullait trouver d' l'ouvrage en p'us.
J'ai don' acheté des plants greffés,
Pis planté dix boss'lées d' gamay.
J'ons r'pris les champs d' nout'e vieux vouésin,
Rin qu'en bounne terre, dans un bon coin ;
Lui qui l'avait pas eu la chance
D'avouèr un gârs coumme descendance.
L' mien, au début du printemps,
Il est parti pour fai' son temps.
Des nouvelles, j'en ons s'ment point eu
Jusqu'à c'te lett'e qu'est dans l' bahut
Où c' qu'on disait qu' nout'e pou'rc p'tit gârs,
D'à cause d'une bande de fellaghas,
Il était mort en Algérie,
"Au champ d'hounneur pour son pays."
En v'là bin une consolation
Pour queuqu'un qui perd son garçon.
J'ons minme pas pu l' mett'e dans nout'e terre,
Il est sous l' sab'e, en plein désert.

Tu vas comprend'e maintenant pourquoué
J' reste dans ma vigne à pousser l' manche

Pendant qu' sounne la messe du dimanche :
C'est celle-là-là qu' j'avins plantée
Avant qu'i' parte de l'aut'e coûté.
J'y vins souvent, sans fai' d' potin,
Pour mieux penser à mon gamin.
Et si j'ai voulu aujord'hui
Que tu m'acoutes un tant si p'tit,
C'est qu' mon p'tit gârs, mon pou're pétit,
Ca fait trente ans qu'i' me l'ont pris
Et j' m'en souvins coumme aujord'hui.

Tu m'excuseras si j' t'ai dit tu,
Toué, la Marie d' l'enfant Jasus,
Tu m'excuseras si j' t'ai dit toué,
La m'man si bounne du p'tit Naulet.
J'avais l'envie d' te tutouéyer
Pa'ce que tous deux, j' nous ar'semblons,
Vu qu' j'ons pardu nos deux garçons,
Et que j' nous en sons jamais r'mis.
Ainsi souét-i'. Ainsi souét-i'.

Mossieur l' Marquis

C'atait une houmme, Mossieur l' Marquis,
Coumme y en avait point au pays ;
Jamais faraud, toujou's gentil,
Fromant les yeux su' mes siaulnées
Vou su' mes chasses en prohibé.
I' méritait son grous châtiau
Pis toutes ses f'nêtes à p'tits cârriaux.
I' méritait, c' Mossieur d' la Haute,
D'avouèr un nom p'us long qu' les aut'es.

Jamais j'ons eu d' la jalouseté,
Ni su' ses terres ni su' ses prés,
Pa'ce qu'au pays, j' trouvins parmis
Que y ait des grous et pis des p'tits.
D'autant qu' nous aut'es, l' pétit monde,
J'avins quand minme la caille bin ronde.

I' s'tait fait v'ni' une grousse éto
Qu'allait pas guière p'us vite qu'un chevau.
C' atait sûrement pour qu'on l' voueille mieux,
Pour qu'on y dise : "bonjour Mossieur."

I' fasait signe, i' l'vait la main,
Pis i' cornait tout l' long du ch'min.

Soun eccupement, c'atait ses chiens.
Detfunt son p'pa, il en t'nait vingt :
Des grands braillous tout gâriolés
Qu'avint yeu' papiers d' pétigré
Et pas yeu' pareils dans l' canton
Pour couri' l' cerf vou bin l' cochon.
Mossieur l' Marquis en t'nait p'us qu' trouès
Pour chasser l' lapin dans ses bouès,
Trouès ch'tits chiens tout abiglanchés,
Qu'acoutint rin, qu' avint p'us d' nez.
C'est bin souvent qu' i' me l' disait :

"Doummage que j' pusse pas fai' couvri'
Ma chienne par vout'e pétit Boby ;
I' ramounne si bin les lapins
Pis i' s' contente d'un crouston d' pain.
Mais qui qu' vous v'lez, y a pas moyen,
C'est un corniaud, pis pas les miens."

I' dounnait d' ceux fêtes au châtiau
Anc feu d'artifice su' l' péliau !
Y avait qu' des grous aristocrates,
Et pas des Marquis d' bourse plate !
Des gens qu'avint pour sûr de quoué
Vu qu' nout'e marquis les invitait.

Ca y sentait l' tabac d'ailleurs
Et l' senti-bon à fai' l'ver l' cœur !
L' souèr, ça miaulait, les violons :
C'atait pleurab'e, tous ceux flonflons.

Sa dernière fête, à M'sieur l' Marquis,
C'est son vouéyage au paradis,
D' la belle ouvrage de finition :
Un gars qui bouffait dans l' clairon,
La grousse chorale de Châteauroux,
Une archevêque de j' sais pas où.
Mimme nout'c curé qu' rin ameillait,
Qu'avait la goule bin emmanchée,
Arrivait p'us à s' dégouèser
Dans ses paters pis ses âvés.

Pou're vieux marquis, dans son grand trou,
Il a pas pu y emm'ner ses sous.
Ca l'a bin arrangé ses filles :
Diab'es de fumelles à la godille !
Si y a qu'une an qu'il est parti,
A' z'ont déjà vidé tout l' nid :
Sa grousse éto, ses trouès ch'tits chiens,
Sa carnassière pis ses patins.
Dépus les meub'es jusqu'aux chaussures,
Tout est dihôré su' les quat'e murs
Qui s'rint rachetés, à c' que paraît,
Par une Allemand vou une Anglais.

A' v'lont aussi s' débarrasser
Des bouès, des champs pis d' tous ses prés.
A' z'ont sûrement grand besoin d' sous,
Ceux ch'tites droyères ; ça tourne au bout.
Pâssé six mouès, c'en s'ra fini
Du biau doumaine de nout'e marquis.

J'ai bounne envie d' racheter ceux bouès,
Ca mange point d' sous, on sait jamais.
Pis j' s'rai mon maît'e pour y chasser,
Tend'e mes collets pis mes siaulnées.
Coumme la rivière, ça vous les borde,
C'est bin coummode pour tend'e des cordes.
Pis vu qu' ceux bouès, i' v'nont buter
Su' mon pacage du fond des prés,
C'est s'ment point drôle que ça m' arvenne ;
C'en s'rait une aut'e, ça f'rait d' la peine,
Ca s'rait canaille minme que j' dirais.
Et j' vas vous dire : Dame ! Y a du bouès !
T'as d' ceux grous châgnes que c'est bin vieux,
Ca l'a du cube, ça, mes aïeux !
Crouès-moué qu' des sous, y en a à faire !
Ca m' rembours'ra trouès foués l' notaire.
En affaires, ça y counnaît pas,
Ceux Marquises de Pose-ton-cul-là.
Ca s' fougale trop, ceux deux chignons,
Et y en a qui z'en profitont !

Pis après tout, c'est pas p'us mal
Que ce souèye moué qui mène l' bal
P'utôt qu' ceux bon sang d' incapab'es
Qu' a' l'ont vendu jusqu'au cadab'e.
Faites-v'en don' pas, Mossieur l' Marquis,
Ar' posez-vous au paradis.
C'est d'à mon tour que j' veille au grain.
J' vous doués bin ça ; c'est en bounnes mains.

V'étiez une houmme, Mossieur l' Marquis,
Coumme y en avait point au pays ;
Jamais faraud, toujou's gentil.
Vous méritiez vout'e grous châtiau
Pis toutes ses f'nêt'es à p'tits cârriaux.
Vous méritiez, oh ! ça sans faute,
D'avouèr un nom p'us long qu' les aut'es.

Et quanque j' s'rai au paradis,
J' dirai qu' v'étiez un bon marquis.
Mais pas tout d' suite, dans queuques années.
A c'te heure, j'aimerais bin profiter
D' ma vie d' châtiau, un tant si p'tit.
Allez, à r'vouèr, Mossieur l' Marquis !

La Pastille

Cheu nous, les vieux, i' d'venont vieux.
Mais ça, c'est pas trop bin curieux ;
C'est qu'au pays, l'air, al' est bounne,
L' vin, i' fait d' mal à parsounne,
Pis, coumme j' eumons bin nout'e ouvrage,
On s' rend moins compte quanqu' on prend d' l'âge.

Mais en p'us d' ça, faut dire aussi
Qu'y a du progrès en pharmaceries.
Tins ; l' Gus Colin qu' tu counnais bin…
(On l'est censément d' la minme âge,
Moué, l' Gus Colin et pis l' Firmin.
On l' est dans la quatrième âge,
D' la famille des hectogénaires,
P'us bin long d'vant et pis tout darrière.)
… Oui, l' Gus Colin, que j' vous disais,
J' vas don' cheu z'eux, l'aut'e de ceux foués.
Il 'tait siésé su' ses landiers,
Sa Marie, yelle, a' s'eccupait :
Al' 'tait fourrée là dans son coin.
Sans fai' d' potin, en disant rin,
A l' écalait des pouès.
Dans la bassine, i' guerlounnaient.

Moué, j' tais v'nu là s'ment en vouésin,
Histouère de r'goûter à son vin,
Et pis pour causer en arrière,
Bin calés par darrié' son verre.
Anc Gus, on l'a causé du temps,
Si ça poussait s'ment dans les champs.
On l'en est v'nus su' mes douleurs
Qu' a' m' font passer des ch'tits quarts d'heure.
La Marie, yelle, dans son coin,
Sans fai' d' potin, en disant rin,
Al' écalait ses pouès.
Dans la bassine, i' guerlounnaient.

Pendant c' temps-là, nous on jappait.
L' Gus, i' m' disait : "Moué, ça va bin.
J' te dirais bin que j' me sens d' rin.
Mais c'est ceux pastilles du médecin
Qu' a' m'avont fait d' l'effet si bin.
Dès qu' j'ai envalé c'te pastille,
C'est pas disab'e coumme j' m'égille.
Si tu m' vouéyais dret l' tit matin
Coumme j' t'enfourche mes deux patins !
Hardi pétit ! J' tombe au jardin,
La pioche, j' la sens p'us aux mains.
Coumme m' disait l'aut'e foués l' médecin
(Faut dire qu' il est pas rin chachouin) :
"La Prise de la Pastille, Mossieur,
C'est la Révolution des vieux !"

C'est-ti pas vrai, dis, la Marie,
Qu'il est gaillard, ton vieux mari ?"
La Marie, yelle, dans son coin,
Sans fai' d' potin, en disant rin,
Al' écalait ses pouès.
Dans la bassine, i' guerlounnaient.

Et pis mon Gus, i' s'agaçait :
"C'est pas des mentes, pour sûr de vrai !
Ah ! Mon p'tit gars, si tu m' vouéyais,
J'abats d' l'ouvrage, c'est coumme un bœu' !
Tins, c'est bin mieux, j' me sens tout neu'
Qu' ça souèye à tab'e ou au jardin,
J'ai d' la vigueur coumme un gamin !
C'est pas disab'e coumme j' fertille
Et rin qu'anrec une ch'tite pastille !
C'est-ti pas vrai, dis, la Marie,
Qu'il est gaillard ton vieux mari ?"
La Marie, yelle, dans son coin,
Sans fai' d' potin, en disant rin,
Al' écalait ses pouès.
Dans la bassine, i' guerlounnaient.

Pis tout d'un coup, a' r'leuve son nez
Qu' a' l'avait p'tit pis tout r'viché,
A' pousse sa bassine en émail
Et pis a' dit d'une air canaille :
"Dis don', Gus, j' suis après penser

A c'te pastille qu'a' t' dounne du fouet.
Au lieu d'en prend'e une l' matin
Pour t'esquinter dans ton jardin,
T'en pren'rais deux avant t' coucher,
J' pourrais p't-êt'e mieux en profiter…"

L' Banquiet d' la fin d'année

Pour sûr qu' al' est drôlement r'tapée
Pis jaliment bin décorée,
Yeu' salle des fêtes de la vieille grange…
Mais dites-moué don' quanque c'est qu'on mange ?
Y en a souper d' pas souper !
Pis d' rester là à tasounner.
Mais dites-moué don' qui qu' ça l' ar'ssemb'e ?
Y a p'us d'une heure qu'on l'est ensemb'e,
Cutés su' nos chaises sans s' mouver
Pour l' banquiet d' la fin d'ânnée.

J' seus arrivé d'pus les sept heures,
Et moué qu'avait quasiment peur
Qui l'ayint déjà coummencé ;
Ca m'appren'ra à m' fougaler.
D'ailleurs, j'ai pris bin juss'e l' temps
D' fini' d'aff'ner les vaches avant.
J'ai gâgné l' temps su' la touellette,
Y avait qu' trouès jours que j' l'avais faite.
Coumme disait ma grand-mé' Fanchette :
"Lave-toué pas trop, mon p'tit enfant,
Tu vas r'pousser la crasse en d'dans."

Pour en r'véni' à ma souèrée,
Ca fait qu' j'ai tout fait qu'à motié :
J'ai pas eu l' temps d' tirer les vaches.
Aurait faullu aussi que j' cache
Mes plants d' salade que j'ai r'piquiés ;
Ca s'ra tout frit, ça s'ra tout g'lé.
J'aurais mieux fait d' durer un peu
Pour l'ar'mett'e du boués dans mon feu.
Quand j' s'rai r'venu, i' s'ra cuervé,
I' m' restera p'us qu'à l' rallumer,
Qu' à bouffer d'ssus si j' veux pas geler.

J' causerais bin s'ment au vouésinage,
Coumme on l' est tou' d' la minme âge.
Mais c'est qu'y a tous ceux du canton,
Des gârs que j' sais minme pas yeu' nom.
Vu qu' nout'e coummune, y a p'us guié' d' monde,
J'allons les charcher à la ronde.
Y a bin l' Gaston et pis l' Firmin,
Qu'on l'est censément du minme coin,
Mais c'est qu' i' sont aux cinq cents diab'es,
J' vas pas bâiller jusqu'à yeu' tab'e.
Sûr que j'arins sûrement causé,
On trouve toujou' à badrasser :
Si y a d' l'avance dans les taillages,
Si ça s' met fin dans l' labourage,
Si l' froued fait pas d' misère aux grains,
Si c'est fini d' soutirer l' vin.

Là, l' vin, j' sons pas prêts de l' goûter.
Y a un causeux après japper,
Il va nous t'ni' jusqu'à point d'heure.
Anc ceux gars-là, à moué la peur !
Heu ! J' te couperais-ti bin ta chique,
Toué, l' ragnassou d' la politique !
Coumme un ch'tit jau : ça bouffe des plumes,
C'est rin qu' du vent pis du volume !

En causant d' jau et pis d' poulets,
J' croués bin qu' j'ai pas fromé yeu' té,
Pas p'us qu' celui du pé' lapin.
Pis coumme j'ai pas attaché l' chien,
Ca va bin m' fai' d' la belle ouvrage,
J'aurai bin gâgné mon vouéyage !,
Pour une foués que j' mangeais à tab'e
Pis que j' m'étais mis bin convenab'e.
A vous dégoûter des banquiets
Et pis d' manger en société !
La cane, al' 'tait-ti su' ses œufs ?
Ca s'rait l' bouquet, c' coup-là, mon vieux !

Faut que j' m'ensauve, j' peux p'us durer.
Pour sûr que j' vas m'enkuloser.
Mes vaches, j' m'en vas les tirer,
Qu'au moins, a' pardint pas yeu' lait !
J' vas m' préparer une bounne omelette,
Trier une grousse pognée d' boursette,

Un bout d' froumage, un canon d' vin,
Pis on couchera la bête dans l' foin.

Mes vieux conscrits, v'allez peiner
Avant qu' i' vous fasint manger :
Y aura l' conseiller générau,
Ca va vous sarvi' d'apéro,
Et pis l' nouviau p'tit sous-préfet,
Ca f'ra l' dessert pis l' pousse-café.
C'est pas d'hasard si v'êtes soûlés
Avant d' coummencer à manger.
Vous aut'es, ça douét vous agacer
Qu' i' souéyint là à bousiner.
En p'us, ça s'ra p't-êt'e minme pas bon !
Mais moué, ça m' fait bin rin, dans l' fond,
Pa'ce que tu sais, moué, à c' banquiet…
I' m' y avint minme pas invité !

Partir

Les vieux, mon vieux, quanque ça d'vint vieux,
J' croués bin qu' des foués, i' s'rint bin mieux
Queuque part bin creux en d'ssous d' la terre,
Là voù qu' on s' plaint p'us d' ses misères.

Les gamins, i' z'arint bin voulu,
Vu qu' tous les ans, j' prends une an d' p'us,
Que j' rentèr' en pension à l'hospice.
I' m' disint : “Là-bas, y a l' Baptiss'e,
Et pis bin d'aut'es, autant coumme autant :
Les vieux qu'ont d' l'âge, de l'ancien temps.
T'aras p'us à t' décarcasser
Pour ta cuisine pis ton manger,
P'us à t'eccuper d' fend'e ton bouès,
P'us ta lessive deux foués par mouès.
Tu vas t' défai' d' ceux trouès, quat'e chieuves,
Oh ! que j' voudrais-ti bin qu' ça creuve !
T'as bin baissé dépus qu' t'es veuve.
Ca m'atounnerait s'ment bin qu' tu peuves
Bêcher c'te grousse bosselée d' jardin.
Qui faire d'élever autant d' lapins ?
V'là qu' tous tes tés, i' z'en sont pleins.

A qui qu' ça t' sert tous ceux poulets ?
C'est pas qu' tu vou'rais r'fai' l' marché ?
Dépus qu' la m'man, a' l'est p'us là,
Tu t' rouges les sangs dans ton cabra.
L'hospice, tu peux bin t' la payer.
Ta r'traite, nous, on la f'ra virer.
T'auras p'us rin à t'eccuper."
J'y eux z'ai répond : "V'allez virer
La r'traite du vieux anc l' bounhoumme.
J' mangerons les sous pis la parsounne.
Oh ! moué, les sous, ça m'ameille guère.
J' sais bin qu'on dit du vieux grand-père,
Qu' c'est un rapia, un chie-vaut-rin.
Mais c'est point ça. Moué, tu voués bin
C'est d' ma parsounne que j' seus radin.
Tu sais d'êt'e vieux, c'est déjà triss'e,
Si faut en p'us s' mett'e à l'hospice,
Autant parti' là, tout fin dret,
Dans la vouéture qu'a suit l' curé.

Tins, j' me rappelle de ma visite
Que j'avais fait à c'te pou're Guite.
A' l'atait forte, a' l'atait gaîte
Detfunt la Guite et pis point bête !
Quanque j' l'ai r'vue, à c'te foués-là,
J' l'ai pas r'counnue d' celles qu'atint là.
Yelle… Yelle qu'atait forte coumme un chevau,
Y en avait p'us dans son mantiau.

Detfunt l'Ugène

Yelle qu'atait gaîte coumme un moniau,
C'atait pleurab'e d' vouèr son musiau.
Yelle, maline en récitations,
Coumme y en avait point dans l' canton,
Al' avait aubellié mon nom !
L' sien, i' z'y avint mire au stylo
Dans l' creux d' sa main, pis l' liméro
D' sa porte de chamb'e. Quanqu' a' s' pardait,
C'atait coummode pour la ramener.
J' nous sons traînés dans les coulouèrs,
J' nous sons proumenés dans sa mémouère,
Mais y avait rin ; ça sounnait l' creux,
A' continuait d' m'appeler "monsieur".
J' nous entendins pourtant au mieux.
Quanque j'étins coumme ch'tits pâstouriaux,
J' nous bigins à pleins musiaux.
Mais une aveugue de la mémouère,
Ca vouét sa vie pas mieux qu' dans l' nouèr.
Je l'ai ramenée jusqu'à son lit.
Pour me guider un tant si p'tit,
A' m'a don' dit : ""Moué, j' suis au bout."
Mais coumme a' pleurait su' ses joues,
J'ai bin vu qu'a' causait du bout
Pas du coulouèr mais d' sa vieille vie.
J'en ai chiâlé pendant deux nuits.

Les vieux, mon vieux, quanque ça d'vint vieux,
J' croués bin qu' des foués, i' s'rint bin mieux

Queuque part bin creux en d'ssous d' la terre,
Là voù qu'on s' plaint p'us d' ses misères.

J' me suis juré, ma foué ma loué,
Qui r'verrint p'us l' bout d' mes souliers,
Que j' finirai pas mes vieux jours
Ailleurs que dans l' fin fond d' ma cour.
Causez-m'en p'us, que j'y eux z'ai dit,
Moué, j' veux fini' dans l' fond d' mon lit,
Sous mon derdon. Vous m' faites dénaît'e !
Moué, j' veux cuerver anvec mes bêtes !
Pour la cuisine pis mon jardin,
Pour fend'e mon bouès, j'ai des vouésins
Qui sont pour moué bin p'us sarvab'es
Que des enfants aux cinq cents diâb'es.
J' vous dounne l' chouèx, que j'y eux z'ai dit,
Souet vous v'nez m' vouèr tous les samedis
Pour fai' l'ouvrage dans ma bâtisse,
Souet vous m' payez c'te chamb'e d'hospice,
Pa'ce que ma r'traite, al' est pas grousse !
Avant que j' souèye au fond d' la fousse,
V'aurez des sous à l'égousser !
Qui qu' c'est qu' v'en dites ? Qui qu' v'en pensez ?
- -
Qu'y a rin au-d'ssus d' l'air des campagnes ?
Que troués, quat'e chieuves, c'est pas ça l' bagne ?
Que vous m' trouvez pas trop cossé ?
Que y a p't-êt'e pas à s' fougaler ?

Dame, vous f'rez bin c' que vous vou'rez,
Que j'y eux z'ai dit, vous chouèsirez.

Mais vous v'là don' déjà partis ?
J'avais trié des pissenlits ;
C'est bin doummage, que j'y eux z'ai dit.
Pour vout'e projet dans ma maison :
C'te histouère de fai' un biau salon
Dans ma chieuverie ? Oui, j'attendrons.
Fau'ra un jour que j'en r'causions.
Mais ça presse p'us coumme j' reste là
Et pis qu' mes chieuves, a' bougeont pas.
Quanque vous r'vinrez, on l'en r'causera.
Et pis c'te foués, vous s'rez p't-êt'e pas
Deux ans d'affile sans l' arvéni'.
Pourtez-vous bin… Pis moué aussi,
Que j'y eux z'ai dit.

Le Jardineu

Coumment don' qu' ça m'est v'nu, c' goût du jardinage ?
Dame, ça, j' te l' dirais pas ; c'est pour sûr d'une aut'e âge,
Ni du temps d' feu mon p'pa ni d' celui du grand-pé ;
C'est coumme si j'étais né pour mârer pis piocher.

Si j'y prends du plaisi', si ça m' plaît d' jardiner ?
J'y ai jamais bin pensé ; ma foué, ça peut bin s' fai'.
Mais quanque t'es tout cassé, qu' tu t' sens p'us les éreins,
C'est pardié du plaisi' qu' tu dounnerais bin aux chiens.

C'est vrai qu' ceux affai's-là, j'ons fait ça tout gamin.
J' te dis pas que j' suis v'nu dans les choux du jardin,
Margré qu' j'en aye dans l' bas qui poummont
coumme deux mains.
(Anc un morciau d' cochon, ça t'eccupes un chrétien !)

Disons qu' j'avons appris en l'argardant les vieux
Qui grattint su' yeu' terre coumme des pou'res malhureux,
Dépus la pique du jour jusqu'à la nuit bin brune,
Mais qui savint planter, coumme pas deux, en bounne lune.

Une foués qu' yeu' cannes, al' avont remplacé yeu' pioches,
J'ai pas gardé, bin sûr, mes deux mains dans les poches.

J' me seus attelé bremment à l'arprend'e yeu' coutume,
Pour fai' coumme les anciens : fai' pousser d' la légume.

J' vas t' dire que dans nos terres, c'est p'utôt malaisé !
A des foués trop mouillé, souventefoués trop croûté,
Ca y fait jamais bon, mais dame, c'est la nature :
Faut y tomber l' bon jour pour mett'e ça en peinture.

Mais, pris en bounne détrempe, tu y fais d' la façon.
Ca s' met fait sans pareil, ça s' mènerait en chaussons.
Et pis une foués qu' c'est fait, c'est d' l'ouvrage éplétant ;
Anc mon fumier d' poulette, ça pousse coumme du chiendent.

Bin vrai qu' la crasse a' vint, des foués, p'us qu'i' fau'rait.
Ca l'aurait bin vite fait d' voulouèr te dépâsser :
C'est l' liétron, c'est l' creuve-sa' vou bin la quieue-d'-poulain ;
Mais dès qu' ça sort l' nez, y a l' piochon qu'est pas loin !

Oh ! Dame, j'haïs-ti ça, les jardins qu' sont mal faits !
T'en voués qu' la crasse a' gâche dans l' rang coumme dans l'allée !
Mais ça l'a don' point d'honte ? Y a d' l'harbe coumme un pacage !
Vaut bin mieux d'êt'e soulaud qu' d'êt'e faignant à l'ouvrage !

Si i' s' respectont pas, qu'i' pensint à nos vieux !
C'est qu'i' nous argardons au jardin du bon dieu !
C'est quand minme p'us joli d'avouèr un garet prop'e
Que d'attend'e dans son lit qu' la légume, a' s' salope !

I' médecineront yeu' crasse anc trouès bouchons d' round up
Si' sont pas trop faignants ; mais rin faire, ça l' eccupe !
Pis tant pire si les pouès creuvont anc l' chie-mou,
Au moins, toute yeu' saleté, ça grainera pas cheu nous !

C'est pourtant si plaisant d'avouèr du jardinage
Quanque t'as un p'tit bout d' temps pis trouès foués
rin d' courage,
D'aller qu'ri' une salade anc son p'tit cœur tout blanc,
Des radis p'us fondants que l' beurre qu'on y met d'dans,

D'arracher ses pouriaux anc yeu' grande barbe de chieuve,
Des ramener pour la soupe avant que l' jour i' s' leuve,
D'ar'garder ses choux-fleurs et yeu' grousse tête de lune
Et d' penser qu' j'ons sûrement les p'us biaux d' la coummune,

D'affûter ses tomates qu' a' sont après rougi'
Et d'êt'e l' tout permier à pouvouèr les cueilli',
D'affaîter son panier d' poummes de terre nouvelles
Qu'a' l'ont la p'lure fragile coumme la piau des demoselles.

Si on veut en v'ni' là, faut s'y counnaît'e, bin sûr :
Tu f'ras pas en lune tend'e c' que tu sèmes en lune dure,
Faut jouer anc les bons saints, les souégner coumme une femme :
T'aras pas d' la boursette si c'est pas en Bounne Dame.

Et pis faut bin qu' tu penses, que fai' un bout d' jardin,
Ca l'eccupe son bounhoumme et ça coûte s'ment rin.

Moué, c'est coumme ça qu' je l' voués ; j' te l' dis tout
franc tout net :
P'us tu pioches dans l' jardin, moins tu pioches dans la r'traite !

Les femmes, a' m' bassinont pour yeu' s'mer des bouquiets ;
J'y en fais toujou's troués rangs, voù qu' ça peut pas m' gêner,
Entermi la légume ; mais c'est trop fignolant,
Et pis dans toun assiette, c'est pas bin régalant !

Et pis, vous trouvez pas qu'un panier bin chargé
Que tu r'montes au matin, tout mouillé d' sa rosée,
Anc ceux tomates rougeaudes, ceux nuages verts de salade
Qui tremblont sous tes pas, c'est pas ça une aubade ?

Alors, j' m'arrête en chemin, à la pique du matin,
Et j' me dis, tout câmaud, que j' s'rai bin jamais rin
Auprès du jardineu qu'on aparçouét minme pas,
Qu'a s'mé toutes ceux étouèles dans la nuit qu'a' s'en va !

A la pêche

J' vous dirais bin qu' moué, j' suis chasseux
Sûrement bin d' p'us que j' suis pêcheux.
Mais dans l'ânnée, une bande de foués,
Ent' la mosson pis les vendanges,
J'y vas l' matin… sans qu' ça dérange !

J' gâgne l' souleil à la vitesse,
C'est moué qu' j'y brûle… la politesse !
"Dépêche-toué don', toué, vieux faignant,
Tu vas bin m' fai' cailler les sangs !"
Mais l' temps qui s' dégordisse l' nez,
J' seus rendu creux dans l' fond des prés.
J'ai minme eu l' temps d' rempli' ma botte ;
Ca m' tint au froucd pis ça flagotte :
L' foussé du bas, j' l'ai bin sauté,
Mais… un peu jeune, j'y ai laissé l' pied !

J' tins mes bambous sârrés sous l' bras
Coumme l' fusil d' detfunt mon p'pa ;
Su' les épaules, un ch'tit bissa'
Que m' saute su' l' vent'e à tous les pas.
J' bouscule les tourtes pis les pigeons

Qui déguchont d'où qu'i' nigeont.
J' trace mon frayé dans l'harbe mouillée
Coumme un batiau su' la rivié'.
Y a l' thym d' bargère, la menthe sauvage
Que j'ai dû l'ver su' mon passage.
Jusqu'au fin bout, i' m' tin'ront l' nez :
Ca sent-ti bon, toutes ceux affai' !

Une foués rendu su' l' bord de l'iau,
J' me cache darrié' l' permier têtiau.
C'est là que j' coummence à pêcher,
Mais pas toute suite, faut s' préparer !
C'est p't-êt'e vite fait, mais faut c' que faut
Pour les ablettes pis les carbots !
C'est des possons qui s' galopent pas ;
Ca s' déminfie, ceux bestiaux-là !

Anc une rosée coumme j'en ons là,
Y a guié' moyen d'êt'e à cul plat.
Des coups à s'enrhumer, pou're bête !
Les deux guerlots pis la coquiette !
J' resterai bin d'bout, pusque c'est ça !
Coumme un vieux chevau ; ça m'ameille pas !

J' déploutounne mes deux mèt'es de fil,
Anc une hameçon, voù que j' t'enfile
Bremment une mouche darrié' son vent'e.
C'est ça la pêche à la volante !

J' counnais rin d' mieux que c'te pêche-là !
T'as point d' dépenses vou ça compte pas :
Queuques mèt'es de fil, trouès, quat'e z'hameçons,
Des mouches que j' cueille à la mainson,
A la vacherie ; su' l' pouèl des bêtes,
T'as bin vite fait d' rempli' ta bouête !
Des culs d' sauterelle pour les p'us grous
Mais l' sauteriau, t'en as partout !
Et y a pas d' crainte que j' paye ma carte,
Pour(e) c' que j' sôrs, ça f'rait d' la parte !
Pis si tu croués s'ment que l' marchand,
I' s'rait p'us riche après qu'avant ?

Non, y a rin d' mieux que c'te volante !
T'es pas d'arrêt coumme quanque tu t' plantes
Su' ton coup d' pêche, qu' tu t'enkuloses
Pendant trouès heures dans la minme pose !
Non, la volante, c'est coumme la chasse :
Tu bouges toujou's, t'affûtes, tu t' caches,
Tu poses ta mouche bin près d' yeu' nez,
T'attends qu' ça gobe, pis t'as qu'à l'ver !
Sûrement qu' ça vous paraît coummode
Mais faut l'avouèr de la méthode !

Aga'de don' vouèr coumme ça l'ar'mue
Dans l'omb'e garelle ! Mets les yeux d'ssus !
Tu les voués-ti qu'a' fertillont,
Ceux ch'tites ablettes pis qu' a' chassont

Voù qu' l'iau a' ride à p'tits bouillons ?
Quanque c'est coumme ça, c'est qu'a' l'en v'lont.
J' me fourre la tête darrié' l'aubier,
P'us drouét d' bouger ni d' respirer.

Ca y est, ma mouche, la v'là dans l'iau
Qu' a' prend l' courant coumme un batiau.
Mais ça l'a guière patté en route,
Y en a déjà une que m' la goûte.
Hop ! Un p'tit coup, pis c'est su' l' pré…
Toué, ma mignounne, tu peux sauter,
J' te monterai bin dans ma musette !

J' prends une mouche neue au fond d' ma bouête.
Ca v'sille là-d'dans, ça mène un train !
J' t'accrochte au bout une qu'a' tint bin,
Sans potin, j' la dounne en pâture :
Dans la d'mi-heure, j' f'rai ma friture !

Tins ! V'là la cloche de l'angélus.
C'est les sept heures… Ah ! Dame, tout juss'e !
Va fallouèr s'eccuper des grous,
Monter moins fin, s'armett'e à genoux ;
Anc mes quat'e z'yeux pis des "bon Diou",
Changer l' claviau pour un p'us grous,
Ardillounner l' cul d' la sauterelle
Pis dounner l' bain à la demoselle.
Voués coumme ça bouge sous les platiaux

Des nénuphars. C'est du carbot,
Sûrement du grous ; ça rabouille l'iau
D'une air pas bête. Rin qu'à son dos,
Tu voués à l'œil qu' ça s'rait mignon
Pour l' monter dans un brâson.
Hop ! Un coup d' quieue… Et pis p'us rin !

Au coup d'après, un peu p'us loin,
T'as l' grous frêne qui mène bouère ses branches.
Dans soun omb'e claire : des carpes, des tanches
Pis par en-d'ssus, des gardons rouges.
C'est pas magnab'e, faut pas qu' tu bouges !
J'affûte un grous : un maît'e gardon,
Un mangeux d' ligne et pis d' bouchon.
Soun œil rouge, i' m'ar'garde en coin.
J' pose ma sauterelle pas bin trop loin,
Pis sans fai' l' fade et sans jugeotte,
I' s' fourre l'hameçon dans la goulotte !

Arait faullu qu' tu l' vouèyes danser,
Tirer au r'nard pis patouiller.
Pendant une heure, je l'ai proumené,
Lassé, vanné et pis… neyé.

J'en avais jamais pris d' si biau.
Je l'ai roulé dans un journiau,
Pis bin caché dans ma musette.
Ca pâsse l' train d' huit heures dix-sept.

C'est grand temps d' se mett'e à l'ouvrage.
J' monterai aux vignes fai' mes rognages.
Dame, on peut dire que j' seus content,
J'aurai pas guière pardu mon temps :
Un gardon rouge coumme les deux mains,
Y a d' quoué d'êt'e fier de son butin !

J' m'ar'dresse autant qu'un ch'tit jau nain,
Quanque c'est que j' crouèse l' vieux Firmin
Qui m' lance de loin : "Ca l'a mordu ?"
Moué, j'y réponds : "Dame ! J'ai rin vu."
Pa'ce que quand minme que j' seus content,
Ca l'ar'garde pas, c' vieux brigand !

François

Les facteurs, au temps que j' vous dis,
- Un temps qui va pas m' rajeuni' -
Avant qu'i' mettint des casquiettes
Et pis p'us rin su' l' faît d' yeu' tête,
On y fasait pourter l' képi.

François, l' facteur de nout'e pays,
Ca t' l'aurait coueffé sans pareil
En butée su' les deux oreilles.
Mais j'ons jamais pu l' décider
A y fai' quitter son béret.

Ca fait qui passint tous les deux
Su' nos p'tits chemins tout caillouteux,
- Quand j' dis tous deux, v'avez d'viné,
Qu' ç'atait François pis son béret –
L'un guché su' la tête de l'aut'e
Coumme arint fait deux bons apôt'es.

J' vas minme vous dire, ça c'est bin mieux,
- Mais on m' crouéra bin si on veut -
Qu' j'ai jamais vu l' François nu-tête,

Qu' j'y ai jamais vu l' dessus d' la crête.
On s'est aussi toujou's d'mandé,
Quanqu'on l' vouéyait, l' béret d' coûté,
S'il avait s'ment ses deux oreilles.
C'atait pas faute que je l' surveille,
Mais va don' vouèr sous la galette
Que y cachait c'te motié d' tête
Si à gauche, il 'tait oreillé
D' la minme façon qu' celle que pendelait
De l'aut'e coûté d' son béret.

V'allez m' dire qu' ç'atait pas meillant,
Qu' ç'atait bin ça d' l'amuse-pésan ;
N'empêche qu' atait v'nu d' Châteauroux
Un chef postier (sûrement l' p'us grous),
Tout cravaté, tout chapiauté,
Pour(e) l' convainc'e d'oûter l' béret.
I' s' sont bârrés anc nout'e facteur,
Ca l'a duré s'ment deux bounnes heures.
Mais quanqu'après, i' sont r'ssortis,
François avait pas son képi,
Mais son béret toujou's d' coûté.
Nout'e chef postier, décravaté,
Avait mis l' rouge, bin agacé.
C'est lui qu'avait quitté l' chapiau
Pour tourchounner sa tête de viau.
Jamais j' l'ons r'vu dans nout'e pays,
Jamais François a pris l' képi.

Vous, v'allez m' dire que nout'e François,
C'atait bin ça qu' une tête de bouès.
Bin, pas du tout ; v'êtes à coûté.
C'atait un gars pas compliquié,
Un gentil gars, toujou's content,
Et qui flubait tout l' long d' son temps :
Coumme un marlot… anc un béret !

Quanqu'i' s'en v'nait, on l'entendait
Du faît d' la côte, pour sûr de vrai,
Anc son vélo qui ferlassait,
Pis son gentil p'tit coup d' sifflet.
C'atait des airs bin régalants :
Ceux-là du poss'e vou du vieux temps.
Coumme i' flubait ! A plein musiau !
Dame, t'arais dit qu' des chants d'ouèsiaux
I' y nigint dans l' gorgani,
Tellement, voués-tu, qu' c'atait joli !
Des foués tout doux, pis tout flûté,
Pis à des foués, ça s'envolait
Coumme l' grand vent, su' l' faît des touèts,
Quanqu'i' flubait, nout'e gars François.

Il arrivait, ch'valant l' vélo.
Et j' te guerlounne à plein guerlot !
I' bousculait la couée d' poulets
Qu'a' s' récartait des deux coûtés
D' la bécyclette. T'en entendais

Des "cotcodec" tout fougalés.
Pis mon François, tout en flubant,
L' béret d' coûté, rentrait bremment
Dounner l' courrier dans la cuisine.
La maîtresse laissait ses bassines,
Séchait ses mains su' son d'vantiau,
Pis j'ar'gardins tous trouès l' journiau :
La page de nout'e pays vou celle-là-là des morts,
Point trop c'te politique ni pas trop bin les sports.
I' décessait guière de fluber,
A part s'il 'tait après siffler
Son canon d' gris sarvi bin frais :
"Pis çui-là-là, qui nous disait,
Coumme c'est du bon, i' craint pas guière
De m' mett'e, bon diou, l' béret d' travers !"
Un gentil gars, moué que j' vous dis,
François, l' facteur de nout'e pays.

Il en ramenait une pleine musette.
J' veux pas vous dire qu'il 'tait pompette,
Mais vu qu'i' f'sait nos coummissions,
Coumme par exemp'e toutes nos potions
D' la pharmacerie, trouès, quat'e z' affai'es
De l'épicerie, on y dounnait
Queuque chouse en pour ; ça l' méritait :
Du plant d' salade, un bout d' gâtiau
Que v'nait d'êt'e cuit, encore tout chaud,
Pis à la Nouël, une p'tite poulette

Qu'a' s' tait sauvée d' sa bécyclette.
On y dounnait, une foués su' deux,
Vou d' la légume vou bin des œufs :
"Dame, c'est des œufs pondus tout frais,
C'est de c' matin, mon p'tit François,"
Qu'a' y disait. L'aut'e répondait :
"Et mes nouvelles, c'est-ti qu' tu crouès
Qu'a' sont pas fraîches, pas du matin ?"
Et en flubant, i' f'sait son ch'min.

Un jour qu'il 'tait dans sa tornée,
I' coupe la route pour s'emmancher
Dans le ch'tit ch'min d'une locature,
Quanqu'il entend, v'nant d'une bouchure,
Un coup d' sifflet p'us fort que l' sien.
Un p'tit gendarme vint l'ar'trouver.
Il avait sûrement dû s' trouver
Du mauvais coûté d' son béret ;
Ca fait qu' François l'avait pas vu.
L'aut'e, i' y fait d'une air bourru :
"V'avez coupé la route, bon d'là,
Sans clignoter vou tend'e l' bras
Su' vout'e gauche. Vout'e compte, il est bon."
François, l' facteur, i' y répond :
"D' quel don' coûté qu'est mon béret ?
- Eh ! bin, à gauche, l'aut'e i' y fait.
- Bin, vous vouéyez. J' mets mon béret
Sur l' coûté que j' veux torner."

Nout'e p'tit gendarme, ça l'agaçait,
C'te grand gaillard qui répondait :
“Mais en tout cas, y a un' bérouette
Qu' v'avez doublé y a trouès cents mèt'es,
V'auriez au moins pu l'avarti' ;
Ca m'émagine qu' la peur l'a pris !”
- Mais point du tout, c'est la Gearmaine,
Qu' a' d'vint d' rincer à la fontaine.
A' m'entendait fluber du bourg !
Pis vous aussi, si v'êtes pas sourd.
Bin dame, c'est coumme ça qu' j'avartis ;
On vouet bin qu' v'êtes pas du pays !”
Hu ! Nout'e gendarme, ça t' l'agaçait,
C'te grand gaillard qui répondait :
“V'avez-ti au moins des papiers
A faire l' Jacqu's su' la chaussée ?
- Oh ! si fait bin. Ca, j'en manque point.
I' t' prend la sacoche à deux mains,
Y dervire par dessus la tête
Tous les papiers d' sa grande musette,
Les œufs frais, la part de gâtiau
Pour te l' coueffer bin coumme i' faut.

Nout'e p'tit gendarme, ça t' l'avait tellement agacé,
Qu'i' jette son képi par terre, l'acrase des deux pieds.
Et nout'e François, anrec soun air d'avouèr deux airs,
I' l' ramasse tout dégarcillé, dans la poussière,
En y disant : “Bin, vouéyez-ti,

Moué, j' prends l' béret pis pas l' képi ;
Pour queulle raison ? J' vous l' dounne en mille :
C'est qu' un képi, c'est trop fragile !"

La Veillée

A la mémoire
de Jean-Louis Boncœur,
qui avait écrit cette histoire en "bon français",
et de Guy de Maupassant,
Maître incontesté du rire grinçant.

Dame, aux "Varennes", ça va pas guière.
Dépus troués jours, l' lendemain d' la fouère,
Y a l' père Baptiss'e, l' vieux grand-père,
Ca t' l'a pris dans la parpaillère,
Et pis sârré, bon diou d' misère,
Qu' j'ons dû l' coucher anc ses sabiots.

Dépus troués jours, y a les ridiaux
Qu'on tint fromés autour du lit.
I' bâillle du bé' pis i' gémit,
Riboule des yeux coumme un chavant.

On a poussé les contervents,
Les femmes ont dit : "i' faut qu' j'appelins,
Bin dame tant pire, sûrement l' médecin."

Il a pas guière patté à v'ni',
Pas guière patté à yeu' z'y di' :
"Coumme un cul d' gourde, qu'il est râpé,
Vout'e pé' Baptiss'e, ma foué ma loué !
Pour sûr qu'il en a pas pour long
A gravicher l' darnié' rollon
De c'te saprée bon diou d' échelle
Qu'a' va l'emmener tout drouet au ciel."

Tout de suite, les femmes : la mé' Marie
Et pis sa fille, la Sidonie,
A' s' sont mouvées d'une air pas bête :
L' gend'e, i' s'eccuperait des bêtes
Pendant c' temps-là, pis ferait les foins ;
Ca l'attend p'us au quinze de juin !
La Marie, yelle, a' sortirait
D' la vieille ormouère tout c' que faurait :
Les baugies, l' coustume du grand-pé'
Et l'iau bénite, sans l'aubellier
Les brassards nouèrs qu'a' couserait à grands points
Su' l' veston des bounhoummes et çui-là des gamins.
La Sidonie, qu'a' marchait mieux,
A' descendrait au bourg s'eccuper des porteux,
Du curé pour la messe. Pis après, cheu l' charron,
A' verrait pour les planches. Celles-là-là qu'a' séchont
Dans l' fond d' la cour, dépus quinze ans,
A' devrint, pour la bouète, faire du bouès épatant.
"Et pis surtout, t'oublieras pas,

Qu'a' dit sa m'man, pour l' repas.
Quanque c'est qu' j'arons fait l'entarrement,
J'ar'vinrons là. Bin dame sûrement !
Ca nous fera bin une bounne tablée.
Ca fait qu' tu pren'ras cheu l' boucher
Tout c' que faut.
Faut c' que faut !
Prends du bœu', pis du bon,
La tête de viau pis des rillons.
Mais oublie pas son saucisson.
Il en l'tait tellement liche, ton p'pa !
Pou're vieux, il en profitera pas !
J' m'en vas préparer les galettes :
Faut qu'y ait l'abonde dans les assiettes."

Nout'e vieux Baptiss'e, pendant c' temps-là,
Darrié' l' ridiau, enter' les draps,
Pendant qu'on y prépare sa fête
Du grand banquiet d' sa mise en bouète,
I' bâille du bé' tout gémissant,
Riboule des yeux coumme un chavant.

Deux heures p'us tard, la Sidonie
A' r'monte du bourg, les bras garnis
D' soun apidance. A' la rensârre
Au garde-manger, mais y a l' farmouèr
Qui v'lait p'us jouer. C'est l' saucisson,
C'te grande affaire, qu'atait trop long.

A' veut l' pendeler mais là voù-ti ?
- Quo donc qu' j'en fais, i' veut pas t'ni' ?
- T'es-ti bin coumme une poule qu'a trouvé un coutiau,
Qu'a' y répond sa m'man, t'as qu'un crâne de moniau!
Tu sais bin qu' ça s' pendèle au-d'ssus du lit d' ton p'pa.
Pau're cher houmme ; ça pour sûr, c'est pas lui qu'en mangera.
Et pis darrié' la touèle de ceux ridiaux qui l' bouchent,
Ca les tin'ra tous deux bin à l'abri des mouches.
Tu f'rais bin mieux d' véni' m'aider
P'utôt qu' d'ê'te là à bousiner !

A' s' sont mires toutes les deux à s'eccuper d' l'ouvrage,
- Pis aux "Varennes", mon vieux, on pleure pas son courage
La fille enfarinée,
La m'man saignant l' poulet.
Quanque v'là-ti pas qu'a' l'entendont
Du potin, mes pou'res mondes, à vous dounner l' frisson ;
Ca v'nait queuque part du fond du lit.

La m'man flanquée d' la Sidonie
A' s'y en allont bin apeurées :
- C'est l' mieux du pire, i' va pâsser,
Qu'a' dit sa m'man en l'vant l' ridiau.
Mon Baptiss'e breuillait coumme un viau,
Riboulait d' l'œil coumme un chavant,
L' bounnet d' coton sur l' devant.
On l' compernait bin mal mais on l'entendait dire :
"Manger… ci… sson…"
- C'est l' mieux du pire,

Que j' te dis, ma p'tite fille qu'a' répond la Marie.
I' vou'rait l' saucisson qu' est pendelé su' son lit.
Faut quand minme que j'y cause, il a p'us sa raison.
V'là don' pas qu'a' y dit : “Bin vouéyons, mon mignon,
T'es une houmme raisounnab'e pis j' vou'rais pas m' fâcher,
Mais t'oserais quand minme pas - ce serait bin mal élevé -
Manger un saucisson qui coûte p'us d' cinquante francs
Pendant qu' j'aurons p'us rin à dounner coumme mangement
Aux invités qui v'nont pour suiv'e toun entarrement.”

La Loche et le Luma
(Fable)

C'atait-ti su' l' gazon au mitan du péliau ?
Vou bin dans les salades au jardin du châtiau ?
Dans ma planche de naviaux ? Ca, j' vous l' dirais p'us trop.
Mais c'est pour sûr un jour voù qu' c'est qu' ça tombait d' l'iau.

La pleue v'nait d' décesser, les branches a' gouttint p'us.
Mon poinçon, il 'tait plein : c'est qu' ça l'avait bin plu.
Et maintenant qu' la grousse nuée s'atait débarbouillée,
Les bêtes, al 'tint r'sorties dans tous les potagers.

Y avait les p'tits moniaux qui f'sint bouffer yeu' plumes,
Les marlots qui flubint, affûtant la légume,
Pis, vous tirant la langue et secouant d' la coquille,
Arrivint ceux-là-là qu' les jardins dégarcillent.

J' veux vous causer bin sûr de ceux bon diou d' lumas,
Ceux goulus, ceux cornus qui bavont su' yeu' pas,
Pis qui vous râpont tout – ceux Zattilas d' la pleue –
En riboulant des cornes coumme une grousse tête de bœu'.

V'nint tout d'vant les gârriches aux coquilles gâriolées
Qu'a' gravint les p'us hautes su' des harbes de foussé,

Pis ceux ch'tits lumas gris, tout prêts à s'encorner
Pour un cœur de laitue qui v'lint pas partager.

Pis tout l' monde s'est taisé. Enfin, façon d' causer,
Pa'ce que cheu les lumas, on fait guière de potin.
Tout l' monde s'est vite garé. Enfin, façon d' causer,
Pa'ce que cheu les lumas, on leuve guière l' patin.

Enfin quanque ça l'est v'nu, les deux cornes en avant,
Déboulant d'un désert, un grous fort luma blanc,
Les coquilles a' tremblint, à n'en jouer des guerlots :
On vouéyait bin qu' çui-là, ç'atait l' maît'e du péliau.

Ses cornes, quanqu'a' s' mouvint, ar'semblint des ouèsils
Tellement qu'al' atint grousses. Sa langue, sans vous menti',
Al' avait des écailles coumme la piau d'une sarpent.
Sa coquille ? Les gârriches, a' s' s'rint pardues au-d'dans.

En tout cas, c'est coumme ça qu' les coquillards d'en bas
I' l' vouéyint dans yeu' tête, c'te grous bestiau d' luma :
"Mouvez-vous d' là, qu'i' fait, c'est moué l' grous blanc
d' Bourgogne,
Poussez-vous d' ma coquille, j' vou'rais pas qu'on m' la cogne !

Les voût'es ont point d'allure. Toué, l' luma gris, mon vieux,
T'en as une qu'al' est triss'e, c'est coumme un jour sans pleue !
Et vous aut'es, les gârriches, anc vout'e touèt su' les reins,
Vout'e mainson pour pas riches, v'êtes coumme des nains
d' jardin !"

Sa coquille a' s' secouait, tellement qu'i' rigolait.
Mais en bavant p'us loin, du coûté d'une allée,
I' dépeint une grousse loche, attablée aux naviaux.
Il approche la rouquine à deux douègts d' ses nasiaux

Pis, les cornes bin au raide, i' fait en la touèsant :
"Voù qu' t'as mis ta mainson ? Faut d'êt'e drôlement faignant
Pour pas l'emmener anc soué ! S' proumener tout nu, c'est moche !
C'est-ti pas toué, des foués, qu'on l'appellerait la loche ?"

Sans l'attend'e qu'a' réponde, il ar'prend soun antienne :
"T'es qu'unc loche SDF, t'as qu' ta piau pour doumaine,
Pis rin qui cache ton nez quanque l' souleil chatouille.
La volaille, les guernouilles, i' t' goberont coumme une nouille !"

"Tu fais bin ton faraud, tu croués qu' c'est dans la poche,
Mais t'ameille pas, mon grous, qu'a' y répond la loche,
On vouéra bin des deux, çui-là qu'est l' p'us malin..."
Al' avait pas fini, qu' ça s'en vint au jardin

Un vieux charcheux d' lumas bin encapichounné.
I' les vouét tous les deux qui bordâillint l'allée.
I' s'écarte de la loche en fasant la grimace :
"Elle, a' m' plaît pas trop guière ; c'est gluant, ceux limaces !

Mais çui-là, par exemp'e, j'vas l' monter au pochon ;
Y a d' l'abonde dans un blanc. J' vas l' prend'e par sa mainson,
Ent' deux douégts. Tu voués bin ; ça salit pas les mains.
C'est coummode, ceux coquilles ; les loches, ça l'en a point."

Et nout'e loche sans coquille, al' a r'tourné au plat
En s' disant qu' ses naviaux, a' les partagerait pas.
Moralité, voués-tu ; c'est pas les gueules de chien
Qui fasont l' p'us d' potin, qui sont les p'us malins.

Pis, si j'ons point d' mainson et pas guière de terrain,
C'est pas c' qui nous empêche de manger à nout'e faim.
Ah ! Ca m'ar'vint enfin… C'te histouère déjà ancienne,
Ca s' passait au jardin du pé' Jean d' La Fontaine.

Le Jau

Depus qu' dans nout'e pays, y a les vieux qui partont,
C'est sûr que des mainsons, y en a grous qu' a' farmont.
L'an darniére, c'est la pire, j'en ons eu pas moins d' troués
Qu'avont bârré yeu' porte : troués mainsons en douze moués,
T'as qu'à vouèr si c'est triss'e, toué, une affaire pareille !
Pis ceux-là qui restont, dame c'est pas d'main la veille,
Tu peux bin en l'êt'e sûr, qu'i' r'fasint des gamins,
Vu qu'i' tiront coumme moué par du coûté d' la fin.

Ca l'a don' coummencé par la Mélie Faguet
Qu'est partie d' la vieillerie dans les débuts d' janvier.
Ca l'a dounné l'idée au pé' Louis d' "La Grand-pierre"
Qui l'a suivu d' pas loin su' l' chemin du cemetière.
Et pis v'là d' ça une an, ç'atait pour la Saint-Jean,
Y a l' gars à la "Blanchounne" qu'est v'nu placer sa m'man :
A' fasait p'us la soupe, a' quittait p'us son banc.
Pis la bru a' pensait qu'a' l'avait fait son temps.
I' z'ont don' pris la clé, dounné l' chien aux vouésins ;
Aujourd'hui, les aronces, a' couront jusqu'au chemin.
Pour(e) c' qu'est du pé Louis, au doumaine de "Grand-pierre",
Ca l'a pas fait pareil. Vu que l' p'us grous des terres
A' joutint celles-là-là du doumaine de "Biauregard",

I' z'avont tout racheté : ça yeu' fait queuques hectâres,
Troués cent cinquante au moins. Mais paraît qu' c'est c' que faut
Pour payer la dépense. I' disont qu' y a rin d' trop.
La mainson au pé' Louis, i' z'ont câssé l' dedans
Pour y gearber d' l'engrais pis tous les désharbants.
Cheu la Mélie Faguet, ça l'a été racheté
Dans les semaines qu'ont suivu ; dame, ça l'a pas patté.
Un coub'e qui v'nont d' la ville, et j' les ons à plein temps.
Il a r'fait tout à neu', p't-êt'e qu'il est pas faignant.
I' y attrape des bounnes suées mais à l'omb'e, c'est r'posant.
Sa fumelle, a' s' mouve guière, a' l'eccupe tout son temps,
Calée su' l' pouèl des reins, à s' fai' grâler la piau.
Et pis dame, a'cause pas. A rester sans chapiau,
L' souleil a bin dû y ramolli' l' çarviau.

Son bounhoumme, y a pas pire. J'ons jamais vu si tôrs.
A jornée, j' l'entendons après s' plaind'e de son sort :
Qu'il arait bin voulu d' la bordure de trottouèr,
Un bec de gaz au-d'ssus pour qu'i' souèye moins dans l' nouèr,
Du goudron su' son chemin pour y proumener l' éto…
Et pis mal endurant avec ça, l'animiau :
C'est l' silo au Jean-Pierre qui l'empêche de dormi',
Les batteuses qu' a' tournont à point d'heure dans la nuit.
Les bestiaux du colza y dounnont d' l'eczéma !
Il en a après tout : c'est les chiens, c'est les chats.
Mais l' p'us qui l' fait japper, c'est mon jau quanqu'i' chante.
Hou ! I' peut p'us l' senti' quanqu'i' pousse sa gouêlante.
Faut dire que j'ai un jau, sans voulouèr me vanter,

Qui l'en craint sûrement guière pour vous mett'e su' les pieds :
Dressé su' l' faît d' son guche, au tout darnier rollon,
Quanqu'i' bouffe dans ses plumes, c'est coumme un coup
d' clairon.
Dame, un sapré chanteur ! T'es sûr que tu crains pas
D'aubellier les cinq heures. Pis réglé avec ça !
C'est cinq heures en été, un peu d' p'us en hiver.
Coumme ça, ça t' laisse du temps quanqu' t'as
d' l'ouvrage à faire ;
Tu décanilles pas tard. Pis compte pas te r'coucher,
Quanque c'est qu'il est lancé, t'as point d' clé à r'monter :
Sans décesser, qu'i' chante, pendant deux heures de rang.
Et coumme c'est un maît'e jau, qu'est jamais à bout d' vent,
C'est lui qu'emmème les aut'es dans yeu' "coco les jours",
I' s' mettont à chanter dans tous les alentours :
C'est l' jau nain à l'Alice pis c'est l' sussex des "Crouères"...
J' te dirais tou' yeu' noms, j' les ai tou' en mémouère.
Oh ! dame, c'est-ti joli, tous ceux jaus qui s' rapp'lont !

Mais t'as "Malendurant", ça y fait fai' des bonds
A chaqu' foués qu' mon pé' jau, i' chante au jus d' ses f'nêtes.
I' dit qu' ça l' rend berdin, qu' ça va bin l' fai' dénaît'e.
L'aut'e jour, i' vint cheu moué ; pas mignon qu'il était :
"Fau'ra m'arrêter ça, mes oreilles a' vont p'ter.
(J' vous l' dis à ma manié' ; lui, i' cause p'us pointu.)
C'est-ti pas dieu possib'e, un bestiau si tordu !
A cinq heures du matin qu'i' mène déjà son train !
Vous vous rendez-ti compte ? Faut me l' fai' taiser d'main !"

Mais l' lend'main, mon pé jau, il ar'chante de p'us belle.
"Malendurant", i' r'vint : "C'te foués-là, j' les appelle,
Les gendarmes et pis l' maire. Et si ça suffit pas,
Ca s'ra une avocat qui va vous mett'e au pas !"
Coumme mon jau s' taisait pas, vu qu' c'est dans sa nature,
Ed' chanter les matins sans s'eccuper, bin sûr,
Des oreilles des chrétiens, les gendarmes et pis l' maire,
I' z'ont don' débarquié qu'i' z'y vouéyint p'us clair.
Nout'e maire, i' disait rin. I' savait bin, l' couillon,
Qu' j'y jouerais du crayon aux prochaines votations.
Les gendarmes, i' z'ont dit que si j'y tordais l' cou,
Ca s'rait ça la maniére pour bin arranger l' tout.
J'y ai répond d'une air bête : "Torde l' cou à qui don' ?
Au vouésin ou au jau ? En tout cas, pas question
De m' fai' tuer mon bestiau. On l'était là avant.
Fau'ra qu'i' s'y habitue, c't idiot d' "Malendurant."
D'abord, moué, ça m' plaît bin d'entend'e chanter c'te bête,
D' me réveiller d' bounne heure au clairon d' sa trompette.
Et pis si j' tue mon jau, qui qu' c'est don' qui dounnera
Du plaisi' à mes poules ? "Malendurant", i' l' f'ra ?
Qu'i' s'eccupe don' d' la sienne. Vous me l' f'rez jamais tuer !"

Ca l'a duré, la guierre, pendant des mouès entiers.
Les hussiers, l' garde-champêt'e et pis l' papier timbré,
Tout y a pâssé, j' te jure. C'atait sans décesser.
Et pendant tout c' temps-là, mon jau, à pleins pomons,
Continuait à chanter su' son darnier rollon.
Mais moué, j'ai vu l' moument voù qu' j'allais dev'ni' fou.

Enfin c'est arrangé, pa'ce que, figurez-vous,
Qu' "Malendurant", i' vint de l'arvend'e, sa mainson.
Ca m'aura pris du temps mais j'aurai eu raison.
J' vons fêter ça pas tard et j' bouérons pas qu' de l'iau !
On s'ra un' bounne tablée… mais j' mangerons mon jau !

La Mé' Mâssé

La mé' Mâssé, al' est partie,
Ca f'ra tout juss'e une an mardi.

Bin sûr qu'al' avait fait son temps
Anrec ses quater-vingt treize ans.
Mais su' l' grous tâs d' toutes ceux ânnées,
J' suis sûr qu'al' en a bin pâssé
P'us des troués quarts à misérer.

A dix ans, ils l'avint placée
Coumme bricoline dans un doumaine,
Qucuque part dans les fins fonds d' la Brenne.
I' z'y fasint tailler des soupes
Anrec un grand coutiau qui coupe,
Trier les pouès pour la tablée.
Pis ça l'en fait à l'égousser
Pour une équipe de quinze au moins !
Des foués, a' s' sentait p'us les mains.
L'ânnée d'après, i' z'y ont appris
A bin savouèr couler la buie.
Quanqu'a' r'montait son linge du riau,
Chargée d' ses draps qui pissint l'iau,

Detfunt l'Ugène

Al' en cardait anc sa bérouette,
Yelle qu'atait grousse coumme une alouette.
Ils l'avint minme dressée aux champs,
Histouère d'eccuper tout son temps.
A' trottaillait renprès des bœufs
En les aiguillounnant d' son mieux.
Hou ! Dame, al' en avait-ti peur
De ceux deux grous bestiaux d' malheur
Anc yeu' nasiaux qui l' écumint,
Yeu' z' yeux d' chavants qui riboulint !
Et l' souèr, quanqu'a' s' laissait tomber
Su' la paillasse de son guernier,
Ses yeux s' farmint sans trouver l' temps
D' avouèr du temps pour ses parents.

C' qu'al' aimait l' mieux, c'est d'êt'e bargère ;
Garder les oueilles, ça peinait guière.
- Pis les bêtes, c'est si consolant ! -
Al' aubelliait ses ch'tits mouments
Dans l' pouèl frisé des p'tits igneaux
Vou dans les yeux d' son chien Finaud.
Y avait du temps qu'al' avait vu
Qu' les bêtes valint souvent bin d' p'us
Que tous ceux mondes qu'atint su' terre,
Qui valint rin vou pas bin cher.
Des mondes, pardié, coumme son vieux maît'e
Qui y fasait baisser d' la tête
Chaque foués qu' i' la r'gardait en biais.

C'en était-ti du ch'tit punais !
Et pis rapia, l' vieux grigou !
Al' a jamais mangé son soul.
Quanque vous pensez qu'il ar'comptait
Son compte de pouès dans l'assiettée !
Vou bin, s'il en avait fini
D' manger l'hareng du venderdi,
I' f'sait sauter dans soun assiette
C' que y restait d' toutes les arêtes :
"Allez gamine, c'est venderdi,
Faut qu' tu fasses maigue, coumme moué aussi."

Après, quanqu'al' a eu pris d' l'âge,
Qu' ç'atait bin rond dans son corsage,
Croués-moué qu'a' s'est souvent cachée
De ceux qui v'lint la fai' coucher :
Des laboureux, pis du vieux maît'e
Anrec soun œil pas guière hounnête.

Pourtant un souèr de Saint-Vincent,
Qu'al' 'tait r'venue cheu ses parents,
Son cœur tout neu' a eu l' veson
Pour une moustache d'une aut'e façon.
Allez savouèr si al' l'aimait.
En tout cas, i' les ont mariés,
Et pour longtemps, et pour de bon.

Mais l' pé' Mâssé, ç'atait son nom,
I' rigolait pas tous les jours.
Et pour l' bon, et pour l'amour,
Al' a souvent pâssé son tour.
Quanqu'i' r'venait anc l' canon,
I' jouait p'utôt du ceinturon.
Mais, dame, une foués qu'on est marié,
C'est pour durer, pis l'endurer.
Et pis la vie a fait son ch'min :
Pas trop bin d' sous, pis trouès gamins.

Il 'tait cantounnier, l' pé' Mâssé.
Coumme ça, partout voù qu'i' passait,
Au bord des routes, su' tous les ch'mins,
Il affûtait les trous d' lapins,
Les oreilles d'orme et d' papellier.
Si i' fauchait dans les foussés,
C'est des lumas qu'i' yeu' ramenait.
Anc deux, trouès cordes, autant d' collets,
Ca fait d' l'abonde pour l' manger.
De son coûté, la mé' Mâssé,
A' s'eccupait des deux jardins,
De yeu' p'tite vigne, d' l'harbe aux lapins,
Mettait les pièces aux genoux d' culottes,
Cuisait l'anguille à la matelote,
Sans trop vouèr qu'al' avait vieilli,
Que ses gamins, ils 'tint partis,
Bin loin voù que l' travail, i' s' trouve,

Qu'ils 'tint partis sans qu'a' les r'trouve.
Pis l' pé' Mâssé, une jornée d'août,
Ils l'ont emm'né au fond du trou.
Sûrement pa'ce que ç'atait son jour
Pis qu'i' beuvait p'us qu'à son tour.
Et j' peux vous dire qu'al' l'a pleuré,
Ils 'tint ensemb'e d'pus tant d'ânnées !
Mais au fond d'elle, allez savouèr…

Al' a pris l' deuil, s'est mis en nouèr,
Et pis sa vie a continué.
I' faullait bin, qui qu' c'est qu' vous v'lez !
Mais al' en v'nait à l'ar'gretter
Son pé' Mâssé, pis ses coups d' gueule ;
Quanqu'i' bâillait, al' 'tait pas seule.
Alors que là, d'vant soun assiette,
A' s' sentait bin coumme une vieille bête.
A' préférait êt'e au jardin,
Pis s'eccuper à trouès foués rin.
A la mainson, on veille les morts.
Minme pour manger, a' restait dihôrs :
Une frottée d'ail su' un bout d' pain,
Mangée en souégnant les lapins ;
A' trouvait ça bin suffisant.

Ca l'a duré un tour de temps
Jusqu'à c' qu'a' trouve un veuve coumme elle.
J'ai bin jamais t'nu la chandelle,

Mais j' peux vous dire qu' les queuques z'ânnées
Qu'al' a pâssé à ses coûtés,
Ca l'a été, pour sûr de vrai,
S'ment les p'us belles qu'al' aye pâssées.
C'atait une houmme, son pé' Gontrand,
Qu'atait charmant, toujou's prévenant,
Qui y fasait des compliments
Coumme aurait fait un vieux galant.
Il l'appelait minme par son prénom,
Ca la sangeait du ceinturon.

Mais i' s'étint counnus trop vieux
Pour qu'i' restint longtemps tous deux.
I' sont partis en pas grand temps
Coumme deux chandelles bouffées dans l' vent.

Et c't' histouère-là, moué, si j' la sais,
C'est que j' la tins d' la mé' Mâssé,
Ma vieille vouésine. Et si j' la dis,
C'est qu' pour parsounne, un jour, oublie
C' qu'avint été toutes ceux p'tites gens
Qui misérint tout l' long d' yeu' temps.
Et c'est pour dire à nos gamins,
A nos mémouères en piau d' chagrin,
Que c'te vie-là, c'est pas si loin.

La mé' Mâssé, al' est partie,
Ca f'ra tout juss'e une an mardi.

Detfunt l'Ugène

Bin sûr qu'al' avait fait son temps
Anrec ses quater-vingt treize ans.
Mais su' l' grous tâs d' toutes ceux ânnées,
J' suis sûr qu'al' en a bin pâssé
P'us des trouès quarts à misérer.

Les Vaches

Dans les farmes de mon temps, on vivait d'un peu d' tout,
Coumme aussi d'un peu d' rin. On fasait du jardin.
Mais quand j' dis du jardin, ç'atait pas trouès, quat'e choux,
C'atait des bérouettées qu' les gârs, i' n'en ramenint.
Dame, on fasait pas l' fade. Quanqu' on cueillait des pouès,
Ca bannait à pleins siaux. Et pis les poummes de terre
Qu'on fasait dans les champs, j'en rentrins pour douze moués.

On t'nait aussi d' la vigne pour que j'ayins du bouère,
Queuques bosselées su' une côte où qu' ça vouéyait l' souleil
Qui nous v'nait l' p'us souvent ed' detfunt nout'e grand-père.
Tous les jours, du cellier, on ramenait sa bouteille :
Ca nous fasait point d' mal, ç'atait du jus d' la treille.
Pis dans nos vignes aussi, j'avins toujou's d' plantés
Du pêchier, du pouèrier, d' la guigne, un vieux prunier,
Par en d'ssous, d' la gruselle, d' l'asparge ou du fraisier.
On l'avait queuques hectares voù qu'on s'mait un bout d' grain
Pour en vend'e au silo et souégner la volaille,
Vu qu'on l'élevait ses poules, ses canards, ses lapins.
Mais j'avins tou' aussi, dans nos farmes, du bétail :
Des chevaux pour fai' l'ouvrage, une bande de vaches ou d' chieuves.

Detfunt l'Ugène

Y a longtemps qu' j'ons p'us rin, qu' nos vacheries, sont vidées,
Mais j'ai toujou's su' moué, que j' me couche, que j' me leuve,
Coumme l'odeur de mes vaches qu'a' m'ar'vint jusqu'au nez.

C'en est-ti des souvenirs, des souvenirs de gamins
Quand j' mélangins nos vaches dans les fins fonds des prés.
On s'en eccupait guière mais j'avins des bons chiens.
Nous, j' fasins des cabanes au p'us creux des aubiers.
Al' étint si mignounnes qu'a' nous dérangint pas.
A' râpint yeu' cârré en balançant d' la tête,
Et pis a' s' couchint d' biais en s' mettant tout d'un tâs
Pour rouinger yeu' pitance. C'atait-ti d' la bounne bête !

J'arins bin pu dormi' à l'omb'e de nout'e chapiau,
Nous baigner à jornée dans les iaux d' la rivié',
A' s'rint toujou's restées renprès d' nos deux sabiots.
C'atait pas coumme ceux chieuves, ceux bestiaux dégornés,
Qu'a' pensint qu'au doummage, à s'ensauver fai' l' mal
Pour s'en l'aller plurer une rangée d' papelliers
Vou bin dégarciller, dans l' bissa', ton jornal.

C'atait des vaches fleuries coumme des jolis bouquiets,
Décorées d' taches rouquines voù qu'on pouvait l'apprend'e
Toute la géographie d' yeu' belle robe picassée.
Ceux biaux bouquiets mouvants, ç'atait nos vaches normandes.

Al' avint toutes yeu' nom, coumme on l' f'rait d'une parsounne :
Celle aux fleurs p'us foncées, ç'atait don' la Brunette,

Celle qu'a' breuillait l' p'us loin, j' l'avins appelée Clairounne,
Celle aux taches su' les yeux atait devenue Lunette.

Sûr qu'al' avint, coumme les fumelles, yeu' caractère :
T'en avais des coquiettes, su' la pointe des sabiots,
Des goulues anc des panses qu'a' n'en touchint par terre,
Des patientes qu'endurint les gamins su' yeu' dos.

Oh ! Coumme ç'atait plaisant d'aller tirer ceux bêtes
Quanqu'on soulevait l' loquet de c'te vacherie toute blanche !
L'odeur des vaches et l' foin vous montint à la tête ;
Ca vous dounnait du cœur pour l'ar'trousser les manches.

Calé bin coumme i' faut su' la selle de vieux bouès,
J'emmaintais c' pis tout gonf'e pour fai' chanter dans l' siau
Toute la mousse de yeu' lait qu'a' filait sous mes douègts,
Pendant qu'au bout d' sa longe s'impatientait un viau.

Et minme après l'ouvrage, minme au fin fond du lit,
T'entendais dans la nuit les chaînes qu'a' guerlounnaient
Quanqu'a' frottint yeu' cornes au mur de la vacherie
Et cont'e l' ratelier voù que l' foin embaumait.

Et dire que l' maît'e d'école, i' s' fâchait après moué,
En m' disant que j' s'rais bon qu'à suiv'e la quieue des vaches,
Jamais il arait pu, sûrement bin s' figurer,
Qu' ça s'rait un jour pour moué, la p'us jolie d' mes tâches.

C'en est-ti des souvenirs, c'en est-ti des ar'grets
D'avouèr pardu nos bêtes pis emblavé nos prés.
J'arins jamais dû l' crouère, quanqu' c'est qu'on nous disait
Qu' les banques, les subventions, ça s'rait nos vaches à lait.

C'atait des vaches fleuries coumme des jolis bouquiets,
Décorées d' taches rouquines voù qu'on pouvait l' apprend'e
Toute la géographie d' yeu' belle robe picassée.
Ceux biaux bouquiets mouvants, ç'atait nos vaches normandes.

Histoires de mon Pays
(réédition)

Pour que survive encore ce monde
Aux coutumes déjà moribondes.

Ma p'tite vigne des Norets

Y a d' ça vingt z'ânnées,
Au carcas du carroué',
Ma marsèche, al' avait
S'ment pas trop rin dounné.
Ma grousse pièce en avouène,
Al' 'tait pas si vilaine.
Pis,
C'te ânnée-là, les bitchons,
A Graçay, i' coûtint bon.
Ca fait qu' j'avais trouès, quat'e sous
Quanque l' Ugénie des Varoux,
Al' est r'venue m'allucher
Anc sa p'tite vigne des Norets
Qu'a' v'lait m' vend'e dépus mai.
Coumme a' disait : "Y a bin qu' toué
Pour s'en eccuper
Vu qu'al' est entermi
Ton p'tit champ des Chavy,
Pis la pièce à la grand-mé' Couture
Qu' tu mets en culture."

Ah ! C'te pou're Ugénie,
Al' 'tait pas guière varnie

Anc un bounhoumme
Coumme soun houmme
Qui s' tait vusé à licher des chopines
Vou bin à biger les bricolines.
Enfin, coumme al' en v'lait pas grous,
J'y ai don' dounné ceux sous
Qu' j'avais bremment rensârrés
Dans la bouète au chacolat Meunier,
Dans yune feuille de "L'Echo des Veillées".
Ah ! C'est pas un doumaine,
C'te p'tite vigne, payée anc mes avouènes.
Y en a bin juss'e trouès bosselées.
Mais d'pus vingt ans que j' la fais,
P'us ça va, p'us a' m' plaît.
Bounne an, mal an, j'y en sôrs six poinçons,
Pis pas du ch'tit, rin qu' du bon :
Un bon p'tit gris mainson
Qui l'aura pas, pour sûr, toutes les décorations
Aux p'us grandes fouères de la région.
Mais, moué, d' mon p'tit gris, j' m'en pourliche.
Oh ! Pas d' quoué s' confesser au curé qu' j'en suis liche.
Jamais j' me nouèrcis,
T'entends bin, anc mon gris !

Ma vigne,
Al' est pas r'piquiée à neu'.
Y a des manques dans l' milieu.
Mais rin qui vint du pipiniériss'e,

Qu' du sauvageon ou des greffons à Baptiss'e :
Du nohia, du gamay, d' la gouche
Sucrée, à l'en allucher les mouches.

Anc ceux ch'tits sansounnets,
Des foués, on fait bin motié.
D'une chance qu'i' m' mangeont point,
Anrec ceux ch'tits lapins,
Mes bounnes guériottes d'après Pentecôte,
Vou bin mes pêches parsilles
Qu'a' m' f'raient bin faute.

Dans ma vigne,
Y a guière p'us d'aronces que d'échardons
Margré qu' j'y fasse p'us les façons
Anc l' chevau qu'a quitté la mainson.
Mais j'y attrape bin l' mal de côrps
A gravoucher pis à mârer encore !

Ma vigne, anc son garet bin pâssé,
Ses coûtés bin ar'dressés,
Au début du mouès d' septemb'e,
A s'y méprend'e, a' r'ssemb'e
A une fumelle après charcher
Une amoureux pour se marier,
A une fumelle qu'a' s' s'rait mis tout à vert
Pour des accordailles du tounnerre.
Tu voués, j' sus portant pas trop bin causant,

Mais quanque j' cause des vignes vou bin des champs,
La langue, a' veut pas m' patter,
J' veux pas en pard'e l' japper !
P't-êt'e qu'un souèr, pourtant,
Quanqu' la fatigue, a' m' s'ra rentrée au-d'dans,
J' vas tomber dans mon garet,
L' bigeoué' su' un pied d' gamay.
Ma tombe, i' la creuseront, les p'tits,
Su' la cheinte, enter' deux pieds d'ouèsil…

Mais v'là que j' m'attendris
Allons, allons, les gamins d' Paris,
C'est bin d'hâsard, si i' vont pas m'écri'.

La vouésine, al' a tué son grous jau,
A' m'en f'ra bin cuire deux morciaux.
Pis, tins, j'inviterai l' Ugénie des Varoux,
Veuve coumme moué bin trop toût,
Et pis, j' la bigerai dans l' cou.
J' nous r'marierons ensemb'e
Après l' quinze de septemb'e.

Hu ! L' souleil, i' dounne, pire qu'à midi sounné.
La vendange, a' s'ra bounne, du coûté des Norets.

La Chasse aux Lapins

(d'après une histoire drôle bien connue)

T'as bin counnu l' Gus Colin
Qu' il atait pas mauvais vouésin.
I' t'nint, anc sa droyère, la Milienne,
C'te grousse locature des Varennes.
Hou ! C'te saprée droyé' d' Milienne,
Al' avait d' l'haïssabeté plein sa couenne.

Au Gus Colin,
Coumme les ânnées, a' y étint tombées su' la vue,
Su' l' jornal, i' pouvait s'ment p'us
Ni l'ar'garder l' pays, la contrée,
Ni vouèr l' prix des viaux, des œufs ou des poulets.
La Milienne, a' y avait don' fait chausser
Les lunettes à son grand-pé' Faucher.
A' pensait, c'te chie-vaut-rin,
Qu' ça s'rait tout d' minme bin berdin,
Vu qu'a' sarvint à rin,
D'en racheter d'aut'es au médecin.
Mais ceux verres, ils 'tint grous, ça t'émagine,
Coumme l' cul d'une chopine.
Su' les coûtés coumme devant,
I' y vouéyait coumme une hareng.

Pourtant, l' Gus, c' qui l'eccupait bin,
C'atait c'te chasse aux lapins.
La Milienne, un matin,
A' y avait dit : "T'entends bin,
Si tu m' ramènes terjou's rin,
Des parmis, t'en r'pren'ras p'us pas un."
Vrai qu'y avait longtemps qu' cheu la Milienne,
Ca y sentait p'us l' civet d' garenne !

V'là don' nout'e Gus parti
Couri' l' lapin ou la pardrix.
Pâssé les dix heures du matin,
La carnassière, a' y dégarcillait pas les reins.
L' souleil, il 'tait déjà p'us haut,
Que l' Gus, à n'en pard'e ses sabiots,
I' pâssait les garets,
Les bouchures pis les prés,
Mais des lapins,
I' n'en vouéyait pas la quieue d'un.
Tu vas m' di' qu'il arait bin pu couri' l' cochon,
I' les araient t'jou's bin point vus anrec ses grous lorgnons.

Enfin, quanque les médis, i' l'avont sounné,
A la mainson d'école d'à coûté,
L' Gus, i' r'venait, la misère au-d'dans,
Pis l' chapiau su' l' devant.
I' pensait rin qu'à son parmis,
A la Milienne pis à soun haïssaberie.

Quanqu'en pâssant au barriau d' la vouésine,
V'là-ti pas qu'i' vouét, prêts à mett'e en cuisine,
Deux lapins d' té,
Tout dépiautés.
A une corde de lieuse, i' pendlint,
La piau p'us rose, ceux lapins !

Riboulant des mirettes,
S'areuillant sous ses lunettes,
Mon Gus, i' s'est dit :
"Mon gârs, il est sauve, ton parmis.
Ceux deux grousses bêtes de té,
Ca peut pas s' bofuter."
Et i' les rensârre aussitôt
Au creux des mailles de son paletiot.
Pis, pas cagnaud, i' s' rent'e au doumaine,
S'ment pas mal content d' soun aubaine.

Oui, mais la Milienne, si t'avais vu son nez,
Quanqu'i' les a eu déballés,
Ceux deux pou'res misères d'écorchés.
L' Gus, i' y a bin vite bâillé :
"Mais finis don' d' breuiller,
J' vas pour sûr tout t'espliquier."
Et v'là nout'e gârs parti
Dans ses histouères pis ses menteries :
"Il 'tait dix heures pâssées, qu'i' fait,
J'avais s'ment trop rin l'vé,

Quanqu'au tornant d'une bouchure,
Y avait, sans mentir(e), j' te jure,
Ma p'tite Milienne,
Deux grous garennes,
Qui l' 'tint, coumme qui dirait,
Après… s'ar'peupler,
Enfin, après… lapiner.
Hou ! J'ai fait ni yune ni deux.
Ka ! Au coup d' fusil, i' z'ont pas r'mouvé ;
I' z'ont minme pas eu l' temps d' se rhabiller !"

Mes Sabiots

Mes sabiots,
I' sont ni cirés ni varnis trop bin,
Souventefoués pattés d' la bournille des chemins.
Mais i' m' vont mieux qu' des souliers en biquiette,
Anc un bout de f'nasse en place des chaussettes.

Mes sabiots,
I' font bin mieux que m' couvri' les artous.
C'est coumme des frères, c'est des mondes, i' m' sont tout.
Anc moué dans l'ouvrage coumme dans la misére,
J' les quitterai à r'gret quanque j' sauterai la barrière.

Mes sabiots,
I' z'ont auvu les deux guierres,
La quatorze pis aussi la darnière :
Des affreusetés qu'ont duré bin du temps
Pendant qu' les aronces, a' m' mangint tous les champs.

Mes sabiots,
I' z'ont suivu toutes les râs d' ma charrue,
Moué, pleyé su' les bâssins, dans l'enrue,
Eux, tersus, acnis, mais bons laboureux.
Une attelée qu'a fait bin des envieux.

Mes sabiots,
Faullait les vouèr à travailler,
A l'emblaver coumme à faucher.
Mais c'était pas d' l'ouvrage que ça r'semblait
Mais à des danseux en train d' se mouver.

Mes sabiots,
Les filles, a' mes z'ont quittés bin des foués
Dans la rouette de yeu' lit, quanque l' diab'e les appelait.
Hou ! C'est qu'à la chatouille de darrié' les ridiaux,
J'avais pas les deux pieds dans l' minme sabiot !
Mes sabiots,
I' z'ont cârré la bourrée, t'en déplaise,
Pour Saint-Vincent pis aussi pour Sainte-Blaise,
Sauté la scottish et la polka piquiée,
Aux noces, aux banquets,
Aux fouères, aux assemblées.

Mes sabiots,
Quanque j' s'rai p'us au-d'dans pour les proumener,
I' z'iront mouèsir au fond d'un guernier
Vou bin s'accrochter au mur d'une mainson,
Bremment plantés d' géromiums des balcons.

Le Viau rouge

(d'après une histoire vraie)

V'là que l' viau, il est bon,
Au doumaine des Marions.
A la darnié' pesée, yeu' viau,
I' bordaillait l' quintal de kilos.
Ah ! La jolie bête.
Ah ! La jolie tête.
Rond coumme une gabille,
L' pied vif, l'œil qui brille,
Nourri rin qu'au lait d' pis.

Ca fait que l' maît'e des Marions,
I' l'est allé qu'ri' l' maquignon,
C'est l' grous Léon,
Qu'il est aussi
L' boucher du pays.

Quanqu'il est v'nu,
Il l'a auvu,
Il a torné autour
Coumme un faucher, coumme un vautour.
I' fasait laid.
I' vrillait du nez.

Pis, i' s'est mire tout d'un coup
A jurer des grous bon diou :
"Ton viau, qu'i' fait colère,
Ton viau, y en a pas cher.
Du musiau aux sabiots,
I' vaut rin du tout ton viau.
Il est qu'en nez, il a point d' cul,
D' la couenne su' d' l'os et pis pas p'us.
Quanque tu l' pautines aux éreins,
Tu sens… Tu sens qu' la viande, a' vaut rin.
Al' est toute rouge, c'est coumme du bœu'.
Non, j' t'en dounnerai pas c' que t'en veux ;
Pis minme que si j' t'en dounnais rin,
J' s'rais quand minme pas bin coquin,
P'isque ton viau rouge, i' vaut rin."

L' maît'e des Marions,
Il a laissé parti' son viau à r'culons.
Un p'tit torrin pour trouès foués rin,
C'atait quand minme bin ça, d' la coquinerie d' coquin.
La maîtresse des Marions,
Au-d'dans d' sa mainson,
A' l'affûtait par darrié' les ridiaux
Sans s'ment point dire un mot.
Mais au-d'dans, a' roumiounnait,
A' pensait : "Toué, mon pétit, tu nous as coquinés,
Mais à ta boutique, j' vas bin v'ni',
Après l' marché, l' venderdi."

C'est vrai qu' ça y dépote.
Il en jappe, il en rote,
Anc sa bounne femme, l' grous Léon.
Y a du monde à fouéson :
C'est pour une pognée d' rillons,
Un cârré d' boeu', l' salé d' cochon,
Un morciau d'ouaille ou bin d'igneau.
On y vouét minme des parigots
Qui v'nont y prend'e des cuisses de jau.

Mais c'est l' tour de la maîtresse des Marions :
"Pour vout'e sarvice, ça s'ra qui don' ?"
Qu'i' y fait l' boucher,
Histouère de l'amignauder.

- Bin vouélà, coumme ç'atait l' jour du marché,
Pis qu' du jau pis du poulet,
J'en sons un peu tout ragoulés.
J'ons dit, j'vons manger
D' la bounne viande de boucher.
Dounnez-moué don'… un morciau d' viau,
Un bon, un grous morciau.
Mais il est-ti bon, s'ment-ti,
Vout'e viau d' boucherie ?

- Oh ! Oui, qu'i' dit,
C'est du bon viau d' pays,
Nourri rin qu'au lait d' pis !

- Et bin en c' cas-là-là,
Mettez-le don' dans mon cabas,
En d'ssus l' café pis l' chacolat.
Bonsouèr à tous. Oui, j' vous l' paye pas.
Un ch'tit viau rouge, ça s' monneye pas.
V'avez bin dit qui valait rin
Anrec sa couenne su' l' faît des reins.
Bin, si i' valait rin d' son temps vivant,
I' vaut pas d' p'us anc les pieds d'vant.

Rouge coumme un babou,
Mon grous Léon, i' filait doux.

"J'en r'pren'rai un morciau venderdi,
Mais d' nout'e viau rouge, pis au minme prix !"

L' Défunt

(d'après une histoire vraie)

L'aut'e foués, ça s'en vint cheu l' Marcel
L' grous Touène, pis la Blanche, sa fumelle.
I' nigeont du coûté d'Issoudun
Dans une mainson "coupie d'ancien"
Anrec du vieux (mais tout automatique),
Pis des pout'es en plastique.
Ah ! Y a d' tout cheu z'eux,
D' tout sauf du neu' :
Une joug d' bœu' dégarcillée
Qu'a' s' souvint p'us d' soun attelée,
Un fourchat à fumier
Anc la bournille qu'a' y a séché
Pour fai' encore un peu p'us vrai,
Un gouet, troués quat'e bassines,
Un moulin à la farine,
Un coff'e à l'avouène
Pour les chopines au grous Touène.
Pis d' la chopine,
Ca t'émagine,
Y en a d' p'us qu' dans une aubarge,
Pis pas du ch'tit bouillon d'asparge ;
Rin qu' du bon bouère :
Du reuilly, du quincy, du sancerre.

D'ailleurs,
C'atait justement pour du bouère,
Qu'i' s'en v'nait c't' aut'e souèr
Cheu l' Marcel,
Anc la Blanche, sa fumelle.

Ah ! Mais c'est vrai, j' vous disais pas ;
On cause, on cause, on s' rappelle pas :
I' fait d' la vigne, l' Marcel,
Au mitan du clos des Demoselles.
Il en tint vingt bosselées,
Tout en greffés :
Sauvignon ou gamay.
Pis pas d' la poud'e de supermarché,
Rin qu' du jus, du millésiné,
Du trouès foués primé.

Enfin, v'là nout'e coub'e de basiots
Qui l'arcule soun éto,
D'vant la cave, près du té aux pourciaux.
Pis, i' s'en allont à la cuisine.
Mais point d' Marcel, y a qu' l'Antonine,
Sa droyère, après fourgounner ses bassines :
"Ca va-ti, l'Antonine,
Il a-ti encore queuques bouteilles, l' patron ?
En blanc, c'est pour une comminion.
- Ah ! Qu'a yeu' fait l'Antonine,
La goule chagrine,

C'est que l' Marcel, il est au cemetière,
Pis en poinçons, j'y counnais guière.
Dans les chopines,
J' suis guière p'us qu'une bricoline.

La Blanche, pis l' Touène,
La misère dans la couenne,
I' n'en creyint pas yeu' z'oreilles,
D'acouter une affaire pareille :
L' Marcel au cemetière d'à coûté,
Il 'tait pour sûr défunté.
I' baissint l' chapiau su' l' lembouri,
Sans l'oser trop rin di'.

Mais l'Antonine, a' yeu' s'rine :
"Damc, si vous v'lez l' vouèr,
Vous peinerez pas trop guière.
Il est dans la tombe
Sous l' sapin, bin à l'omb'e."
L' Touène, tout cagnaud,
I' tornait son chapiau.
Pis, r'prenant son japper :
"Y a-ti du temps qu' ça s'est fait ?"

- Y a bin deux mouès faits,
Deux mouès pleins.
L' curé, il l'a qu'ri un matin
Pour l' cemetière.

Ca y plaisait pas guière.
Mais des coups d' temps coumme ça,
Du chouèx, on n'en a pas. Pas ?

- Pour sûr de vrai,
Répond l' Touène, nez baissé.
Quanque ça l'appelle,
Faut bin lâcher la ficelle.
J'y emmènerins bin un bouquiet s'ment :
Des géromiums, des fleurs des champs ?

L'Antonine : "Bouh ! Qui faire ?
Les bouquiets, i' les aime pas guière.
Mais…
Mais…
C'est tout d' minme pas qu' vous creyez
Qu' mon Marcel, il est défunté ?
S'il est au cemetière,
Il est pas cheu Saint-Pierre.
I' fait terjou's du vin,
L' cellier, il en est plein.
Mais, les morts, i' creuse pour eux,
Il est aussi coumme… fossoyeux."

L' souèr, d'vant une chopine de gris,
I' z'en tou' bin ri.
Et pis... detfunt Marcel aussi.

Nout'e vieux Maît'e d'école

J' devins d' l'entarrement d' nout'e vieux maît'e d'école.
J' l'ons mire renprès d' la tombe à Natole,
En rentrant, à drouète, dans l' coin du cemetière.
V'avouerez bin qu' ça s' fait guière
D'envouéyer un maît'e d'école au coin,
Minme si i' y mettait souventefoués les gamins.
Au cemetière, tout l' pays y a défilé :
Du fotballe à la casarne des pompiers.
Ca l'allait d'pus les "Ar'grets z'éternels"
Jusqu'au "Cher Disparu" qu'avait mire une fumelle.
Des bouquiets dans tous les coins,
Des naturels, des z'en satin.
I' t'aurait dit tous yeu' p'tits noms en latin
S'il avait pas été dans son paletiot en sapin.
I' v'lait bin pas fai' l' détour à l'église ;
Anc l' curé, ils 'tint toujou's en bise-bise,
I' z'avint pas les minmes idées su' l' Bon Dieu.
Mais d'vant un canon, i' s' compernint déjà mieux.
Y a qu' la notairesse, qu'al' est pas v'nue au goupillon ;
C'atait pas des vu-dire, y a longtemps qu' je l' savions :

Yelle, anc l' maît'e d'école,
I' dounnint… dans la bricole.
Quanqu'i' s' bârrint dans la grange à Natole,
C'atait quand minme pas pour y charcher des marivoles.
I' d'vint bin y fai' des saprés d'vouèrs d'école !
Mais ç'atait pas les maît'es d'école d'aujord'hui,
I' counnaissint les départements du pays,
Nos gamins, l' calcul, pis yeu' géographie,
Dépus Issoudun jusqu'au fond des colonies.
L' mien, j'y ai vu fai' les quat'e z'opérations
Bin avant d' fai' sa première coummunion.
Hou ! C'est que l' maît'e d'école,
Il avait une ouèsil qui marchait bin ;
En hiver, i' y réchauffait bin
L' bas des reins, aux gamins ;
Un souèr de décemb'e, que l' 'tit gârs à l'Angèle,
Moins malin aux écoles qu'à dénicher les couèles,
Il 'tait après fai' cuire sa gomme su' l' dessus du pouële,
Y a p't-êt'e fait câsser trouès bérouettées d' javelle :
"Ca s'ra pour fini' ta cuisson,
Qu'i y a dit, l'air bougon."
Mais, i' les poussait tou' à yeu' çartificat,
Qu' ça yeu' plaise ou qu' ça yeu' plaise pas :
Du p'us gaillard au p'us berdin,
Du p'us basiot au p'us malin ;
Souventefoués, une an su' deux, disons,
J'avins un premier du canton ;
C'est qu'i' yeu' z'apprenait tout aux gamins,

Minme à ceux-là-là qui l'appernint qu' les chemins :
A compter les intarvalles des piquiets,
A r'counnaît'e les sauvageons des greffés
Dans sa p'tit vigne d'à coûté,
A charcher les poterelles, les lumas, les moniaux,
Vou bin à compter un quintal en bossiaux,
Des surfases en bosselées
Ou à faire l' châgne dret.

Quanqu'i' z'en ont eu fait un r'traité,
L' p'tit maît'e d'école qui l' a remplacé,
Il a bin peiné à nous l' faire aubellier.
C'est pas qu'i' souèye faraud
Dans sa p'tite chémise à cârriaux.
Mais en culture, i' y counnaît pas,
Pis, faute de goût, i' s'y met pas.
Ca l'a ni vigne ni jardin.
Dame ! Y a pas rin.
Il a-ti fait ri' les gamins :
I' sait minme pas recounnaît'e un poulet,
I' yeu' z'a dit : "c'est un gallilacé."
Mais ça va pas y empêcher d' fai' l' potin
Aux élections du quinze juin.
Sûrement qu'en politique,
I' y est bin p'us malin qu'en arithmétique ;
I' m'a bin dit s'ment c' qu'il était :
C'est-ti socialiss'e, c'est-ti syndiquié ?
Ceux affaires-là,

J'y counnais pas.
Pis, après l' tout, ça m'ar'garde pas.

Il est p't-êt'e pas mauvais p'tit gârs.
I' prend cheu nous un lit'e de lait,
Tous les dimanches, un grous "gallilacé",
D' la salade ou des pouriaux,
A la saison, des bigârriaux…
Qu'i' repose don' en paix, nout'e vieux maît'e d'école,
Renprès d' la tombe à Natole.
Celui-là, j' sais pas c' qui yeu z'apprend,
Mais c'est toujou's bin, un sapré bon client.

La Chasse

Dépus que j' suis tout gamin,
L' diab'e de la chasse, i' m' tint.
J' savais bin juss'e marcher
Qu' j'affûtais déjà les grous bé'.
Quanque la neige, a' nous v'nait,
Qu'al' 'tait à t'ni' s'ment-ti deux jornées,
J' balayais des pâssées
Pour y mett'e mes siaulnées.
La neige, a' croustillait sous mes sabiots,
J' sentais l' froued qui m' mangeait l' chaud !
J'allais m' taper p'us loin
Coumme un lieuve dans un roin
Ou sans fai' d' raffut m'accuter
Dans les bouchures d'à coûté.
J'ai vu des coups d' temps y durer
Sans s'ment trop une artou mouver
Des trouès, quat'e heures d'affile,
Sans trop vouèr bouger l' fil.
Mais faullait vouèr aussi les bardassées
D'alouettes, d' marlots pis d' grous bés
Que j'y eux z'y ramenais,
Aux vouésins d'à coûté.

Moué, j'en mange point, d' tous ceux moniaux,
Y a point d'abonde, tu suces la piau.

Pis après, j'ai grandi
Dans la pleume de pardrix,
La poud'e et l' pouèl de lieuve,
L' bruit des jaus qui s' leuvent.
En r'venant d' prisonnier au pays,
Y avait p'us ni bounhoummes ni fusils.
Ca l'avait pas chassé guière
Pendant c'te affreuseté d' guerre.
On l'avait bofuté tous nos champs, tous nos prés,
Pour s'en l'aller courser du bin p'us grous gibier.

Tout ça fini, j'ai don' ar'pris
Mon paletiot, mon fusil.
Du gibier à fouéson,
Jusque dans les mainsons.
Tu pâssais pas trouès blettes
Sans t' buter su' une tête.
Des cents d' pardrix dans les friches
Qu'a' yopint les gârriches.
Dans ceux grandes rouâches, tu l'vais du jau
P'us qu' ça n'en t'nait dans ton paletiot.
Dans des prés néyés, à blanc d'iau,
J'y ai vu du lieuve, et pis du biau.
Point d' maximose du lapin ;
Les traînes, les bouchures, en l' taient pleins.

Un gamin anc un bouès,
I' t'en affaîtait deux, trouès.

Maintenant, va-y don' la bordée,
Emmène-don' minme à mindgeounner.
Mais emmène pas ton fusil,
I' veut pas bin trop bin t' sarvi'.
Y a p'us pas une bouchure,
P'us d' gargaillous, p'us d' mûres.
D' temps en temps, une agasse ou bin un sansounnet
Su' un têtaud d'aubier
Ou bin une orme cuervé.
Mais moué, ça m' fait bin rin,
I' m'en ar'buteront point.
Tant qu' j'aurai pas sauté l' barriau,
J' poserai ni l' fusil ni l' paletiot.

Ho ! J' sais bin c' que l' Bon Dieu, i' va m' di',
Je l' voués bin déjà v'ni' :
“Ah ! C'est don' toué qui chassait, mon pétit.
Bin, j' vas t' chasser d' mon paradis,
Des foués qu' tu prennes mes anges pour des pardrix !
Ah ! T'aimais la poud'e et pis l' feu,
Fai' d' la misère aux p'tites bêtes du Bon Dieu,
Eh ! Bin, j' vas t' fai' roûti'
Coumme tu l' fasais à mes pardrix.
Allez, mon p'tit frère,
Va-t-en don' cuire aux enfers !”

Le R'tour du Gârs

Un ch'tit matin d' décemb'e,
Que ça serrait, ça m' semb'e,
A moins quinze ou d' p'us,
L' gârs au Lexand'e Bouchut,
Il 'tait après fai' du bouès ;
Guché su' une âb'e, tout au faît,
Il acrônait des grous aubiers.
Son p'pa, i' triait des piquiets
Pour les pacages du fond des prés,
(Faute d'acacia, on prend d' l'aubier),
Et pis des parches pour se chauffer.

D'un coup, v'là l' gârs qui descend,
Lance la sarpe et pis l' volant,
Pis i' s' prend à bâiller :
"Ah ! P'pa, y en a souper ;
J' suis fait coumme un sorcier,
J'ai l' froued au bout des pieds,
L' temps, i' m' dure, j' veux m'en aller ;
Deux pleines bordées pour une cordée,
Du bouès ni bon ni biau,
Qui chauffe minme pas l' musiau ;

J' prends mon bissa' et pis j' m'en vas.
J'ai rencontré des gârs, au sarvice régiment,
Qu'avint du parlement,
Qui counnaissint la vie,
Pis celle-là-là d' Paris,
La vie anc ses plaisi's.
C'est pas coumme au pays.
Là, y a qu' du gâgne-pétit ;
J' vas pas passer ma vie
A curer les vacheries,
A l'abatt'e des aubiers,
Vou bin à tasounner
A plurer des piquiets
Pour bârrer trouès vaches au pacage
De craind'e qu'al' allint au doummage ;
J' vas m'embaucher à Châteauroux
Coumme mécano dans les deux roues ;
Tu vouèras, j' m'en arrangerai bin,
J' suis ni amusard ni berdin."

Lexand'e Bouchut, i' s'est siésé.
C'est pas une houmme à s'ameiller ;
Lexand'e, i' cause trop bin guié' d' p'us
Qu' detfunt son p'pa, Maxime Bouchut.
Accuté su' son plot,
Il a pas dégouèsé trouès mots.
Pis, il a serré son restant d' bouès anc l' chevau.

J'ons bin été une an ou deux
Sans trop rin vouèr, savouèr de neu'.
On y demandait rin au Lexand'e.
I' nous bâillait : "Pis moué, j' t'en demande ?"
Mais j'ons su par la vouésine du bas,
Qu' ça y dégarcillait l'estoumac,
Qu'i' mangeait moins d' cochon salé,
Qu'il 'tait aux tisanes de bouquiets
Dépus qu' son gârs, s' 'tait ensauvé.

J'ons su d'une aborneu',
Qu'est v'nu métrer tous nos chemins neus,
Des nouvelles du gamin
Qui l'avait l'vé l' patin.
Point mécano à Châteauroux,
Ni dans les deux ni les quat'e roues.
Il 'tait manœuv'e su' les chantiers,
Gâgnait bin juss'e d' quoué mindgeounner.
Il 'tait nigé dans un cabra
Anrec un poêle qui tirait pas ;
L' ciléma un mouès su' deux
Et pis, l' samedi, plein coumme une œu'.
C'atait sa vie,
La vie, anc ses plaisi's.

Y a d' ça déjà un tour de temps,
V'là bin nout'e gârs qu'il ar'descend.
I' s'en va vouèr son p'pa,

Débertelle l' bissa',
Pis le v'là r'parti à bâiller :
"Ah ! P'pa, y en avait souper,
J' 'tais fait coumme un sorcier,
L' froued au bout des pieds.
L' temps m' durait pour m'en aller.
J'allais pas pâsser ma vie
A gâcher d' la maçounnerie.
Moué, j' me virais les sangs,
A mouiller du ciment.
Et pis, si t'avais vu cheu l'épicier,
L' prix qu'i' vendent l' lit'e de lait.
Pas disab'e coumme i' sont chérants.
Mais j' vons bin les attraper,
J'ons des champs que j' vons bârrer ;
On y f'ra bin d' la vache à lait.
Pas creyab'e coumme ça payerait ;
I' douét bin t' rester des piquiets…
Et pis des parches pour se chauffer.
J'avais un poêle dans mon cabra,
I' flammait point, i' tirait pas.
I' m' buvait tous mes sous
A biber du mazou'.
J' pren'rons une montrée c't hiver,
Ca nous chauffera pas cher.
Pis j'aurons bin queuques aubiers,
Queuques têtauds à l'acrôner."

Lexand'e Bouchut, accuté su' son plot,
Il a s'ment pas dégouèsé trouès mots.
Mais, j'ons su,
Par la vouésine du bas,
Qu' dépus qu'il a r'trouvé
Son p'tit gârs ensauvé,
I' se r'ssent p'us s'ment pas
De ses misères à l'estoumac.

Le R'traité

V'là bin déjà quinze ans pâssées
Qu' la bête de soumme, al' est dételée.
Coumme i' disont su' les papiers,
Moué, j' coche la case des ar'traités.

I' nous dounnont, aux cotisés,
Une coub'e de mille pour l' manger.
C'est pas qu'y a trop à s'écarter,
Ni trop su' l' bouère, ni l' mindgeounner.
Mais je l' trouve pas trop bin hardi,
On s'en sôrt bin, j' sus pas bordi.
J' prends rin au marchand d'épicier,
I' pâsse s'ment p'us, je l'ai r'buté ;
Pas bin trop bin d' viande de boucher,
J' la digére pas coumme l' poulet.
Pis cheu nous, les poulets,
Ca craint pas d'en manquier :
Y a deux poules qu'a s' sont mires à couer,
Yune sous la lieuse, l'aut'e dans l' foussé ;
J' les ai auvues, l' mal, il 'tait fait,
Ils 'tint déjà après bécher :
Une douze à quinze et pis l'aut'e vingt ;

Ca nous f'ra bin du jau au vin.
J' tue un cârré d' cochon
A la mauvaise saison.
Y a tou' mes grous pots à saler,
I' vont bin en déverjuter.
Pis su' l' bouère, j'en pâtis pas ;
J'en fais pour moué. Moué, j'en vends pas.
Quat'e, cinq bosselées, qui faire de p'us ?
J'ai ma p'tite vigne ?
Eh ! Bin, j' boués d'ssus.
J'ai d' la légume ma suffisance.
L' panier d' froumages, i' pleye de l'anse :
Deux chieuves, ça dounne p'us qu' ça dépense.
J' mets toutes mes poummes dans les guerniers,
Un bout d' chasselas, des poué' d' curé.
Mis su' la paille, pas trop cossés,
Ca tint l'hiver, ça m' pâsse les gelées.
Oh ! Pis, ma foués,
C'est bin rarement
Si j' me trouve pas des eccupements.
Enter' la vigne pis les jardins,
C'est pas l'ouvrage qui m' patte aux mains.

J' dounne mes champs au p'tit vouésin,
I' les a d' farme en p'us des siens.
Pour les embleuves ou bin les foins,
J'y dounne la main. Enter' vouésins !
J'y monte ses sacs dans les guerniers,

I' monte en poule, i' m' fait peiner.
J'y laisse l'avouène, j'y monte l' blé.
Y a pas à dire, tous ceux gamins,
Ca l' point d' raide dans les éreins.
J'y tends la paille ou l' foin
Tout au faît des vouétures.
J'ai une œil su' mes biens,
Coumme ça, j'en suis p'us sûr.

Moué, p'us ça va, p'us ça va bin.
Un canon d' goutte tous les matins,
Une quieue d' hareng ou une œu' dur,
Un peu d' mon vin, c'est ça ma cure.
S' mouver l' côrps, gratter la terre,
Pis d' temps en temps, bouère un p'tit verre.

Pis, dame, si j'embarrasse mes n'veux pour l'héritement,
J' coûte pas trop bin d'argent à nout'e gouvarnement.

Dans mon Guernier

Dans mon guernier, les araignères,
Ca grave partout coumme la misère.
Y en a des grousses anrec du pouél,
A' sont champion dans l'arantèle.

On les bofute ceux pou'res bestiaux,
On les acrase sous son sabiot.
Moué j' les aime bin, toutes ceux demoselles,
Qu'a' travaillont à faire des touèles.

V'là d' ça pour sûr une bande d'ânnées,
Y a une espert d'antiquités
Qui l'atait v'nu m' débarrasser
De toutes mes crasses que j' mets d' coûté :

Une pouèle à grâler les châtaignes,
Une mue, des brosses à chevaux, des peignes,
Des moules à beurre, des lampes pigeon
Qu'a sarvint p'us à la mainson.

J' l'avais fait v'ni' pour s'ment qui m' dounne,
Sans trop voulouèr rouler parsounne,

Trouès ou quat'e sous, pas d' p'us.
Mais…
C'atait trop cher, il en v'lait p'us.

I' m' disait c't houmme : "J' vous débarrasse
D'une pognée d' rin, d'une pognée d' crasse.
Vous vou'riez pas, ma pou're parsounne,
Que des fortunes, j' vous en dounne ?"

- Bin, vieux coquin, m'en dounner rin !
V'allez les r'vend'e aux Parisiens
P't-êt'e cent foués l' prix, si c'est pas d' p'us.
J' vas garder l' tout, minme ma vieille mue.

Mais coumme j' suis pas vengeatif,
Qu'y a pas à craind'e, moué, que j' me r'biffe,
J' vas vous monter dans mon guernier,
J'y ai des vieilles touèles qu'a' sont pendlées,

V'allez bin m'en débarrasser.
Ca l'a des siècles pis des ânnées.
V'avez qu'à toutes les emporter,
Pis j' vous les dounne. Allez, montez.

Si t'avais vu coumme i' guchait,
Mon grous basiot tout alluché,
Su' les rollons d' ma grousse échelle,
Pour s'en l'aller dépend'e les touèles.

Il avait l' veson dans c' guernier.
I' virounnait, s' cognait l' cacoué :
“Où qu'a' sont don' toutes ceux vieilles touèles ?
Si j'en voués une, que j' monte au ciel !”

- Bin, j'y réponds, v'êtes pas bigleux,
V'êtes pas berlu, v'avez des yeux.
Au-d'ssus d' vout'e tête, tout c' qui pendèle,
J' suis pas berdin, c'est bin des touèles ?

- Tout ça, c'est des touèles d'araignère,
Tu m'as roulé, bon diou d' misère.
I' s'est buté dans mes ficelles,
I' s'est tapé l' nez dans les touèles.

- Qui faire que v'êtes après bâiller.
Des touèles,
Y en avait bin ? Vous les emmenez.
Voui, vout'e chapiau, il en est plein.
Et pis j' les dounne, j' vous en d'mande rin.

Il a pris son veux-tu couri',
L'espert en touèles pis en vieilleries.
Il a pas r'guché à moun échelle,
Mon spécialiss'e en arantèles.

Dans mon guernier, les araignères,
Ca grave partout coumme la misère.

Y en a des grousses anrec du pouél,
A' sont champion dans l'arantèle.

On les bofute, ceux pou'res bestiaux,
On les acrase sous son sabiot.
Moué, j' les aime bin, toutes ceux demoselles,
Qu'a' travaillont à faire des touèles.

En Vendanges

C't' ânnée, j' vendangerons sûrement toût,
Ca l'a fait biau juillet pis août.

C'atait ânnée d' précocité.
Mars, bin juss'e, i' finissait,
Qu' déjà, partout, ça débourrait.
I' coummençait, l' bouès, à pleurer
Quanque j' finissais à tailler.
Pis les frutiers, i' z'ont parti :
Début d'avril, tout l' 'tait fleuri.
J'avins bin peur que y ait des gelées
Qu'a rabâtint tous les bouquiets.
Mais quanque j'ons eu attrapé mai,
J'ons dit : ça y est, j' sons sauvés.
Ca craint p'us bin trop bin d' genauder.
La fleur, a' s'est s'ment bin pâssée.
Dans toutes les vignes, rin a coulé.
Les bigârriaux, j' les ons mangés,
Pentecôte, il atait pas pâssé.
Y a point eu d' pleue ou c' que faullait.
J'ons eu tout f'né en queuques bordées.
Quanque c'est qu' t'as pas trop s'ment d' débauche,

Tu peux y aller, tu fauches.
Pour la mosson, la minme chanson.
J'ons eu pas tard fêté l' berlot,
J'y ons invité deux poules pis l' jau.

Vous verrez bin, j' vendangerons toût,
Ca l'a fait biau juillet pis août.
Début d'octob'e, mes p'tits amis,
Ca battra l' plein,
Vou bin,
Ca s'ra fini.

Faut qu' j'alle sorti' tous mes poinçons,
Pis les rincer qu'i' sentint bon.
Faut qu' j'alle aussi caler l' pressouèr,
Pis graisser la quieue du rollouèr.

J'entends déjà la vouèx d' l'Angèle
Chanter l' Credo du paysan.
C'est pas faignant. Ca, ça l'attelle !
Mais, dame, c'est gaîte, ça l'eume l' chant.
Dans tous les rangs, ça chante, ça rit.
Mais, camarade, ça peine aussi.
Les siaux sont lourds autant qu' les côrps.
Les reins, ça t' les pleye, ça t' les tôrd.
Dans ceux métiers, j' craignons la pleue.
L' p'us toût fini, l' p'us toût s'ra l' mieux.
Quanque t'as fini d' pâsser ton rang,

Prends en une aut'e, qui qu' c'est qu' t'attends ?
Paye don' un coup au pé' Masson
Pis j' tourn'rons à la gabillon.
I' restera p'us qu' les aborgeons ;
Pis j' vous pousserai une p'tite chanson.

Ca m'émagine, j' vendangerons toût,
Ca l'a fait biau juillet pis août.
I' devrait sûrement pas êt'e ch'tit.
Mais…
J' le tenons pas, c'est pas fini.
L' temps a qu'à s'abernaudi'…
J'ons du biau mais ça veut rin di',
Ca l'a qu'à s' prend'e au temps pourri,
T'aras p'us qu'à rogner l' douzil.
En trente et queuques, j' l'ai déjà vu,
Ca nous r'tomberai encore bin d'ssus !

J'en r'causerons quanqu'i' s'ra en fût ;
On sait jamais anrec l' temps.
J'arins bin rin vou qu' du sarment.

Mais…
J' vendangerons toût, pour sûr de vrai,
J'ons eu du biau tout l' long d' l'ânnée

Farnand

Il n'est, somme toute, pas très loin le temps où les journaux faisaient de tout petits tirages, le temps où les gens de la campagne avaient peu d'informations sur le monde extérieur.

Néanmoins, les nouvelles locales se diffusaient et trouvaient leurs médias. Ainsi, il était d'usage dans les villages que quelqu'un passe de maison en maison lors du décès d'une personne pour inviter à l'enterrement. C'était la rubrique nécrologique à l'ancienne.

J' sais pas si c'est coumme ça cheu vous,
Moué, au pays, j' l'ai vu toujou's :
Quanque y a queuqu'un qu'a' défunté,
C'en pâsse une aut'e pour t'inviter.

Nous, au pays, c'est l' gârs Farnand
Qui nous invite aux entarrements,
Qui nous dounne l'heure et pis l' moument
Tant pour la messe que l'inhument.
Quanqu'une famille, i' savont viv'e,

Farnand, i' dit : "V'êtes yeu' convives
Après l' cemetière cheu la Paulette
Pour l' vin blanc pis la galette ;
Y aura moins d' pleurs que d' gârs pompettes !"
Faut dire que c't animiau d' Farnand,
C'est c' qu'on l'appelle un bon vivant.
I' trouve à rire, mes pou'res chers mondes,
Minme quanqu'i' cause d'une moribonde.

Tins, l'an darnière, pour la Scension.
Il est pâssé dans les mainsons
Pour annoncer qu' la mé' Bouchut,
Qu'il eume point trop pis moué non p'us,
Al' 'tait défunte, la veille au souèr,
Qu' faullait qu'on chausse l' chapiau nouèr
Pour la grand-messe et pis l' cemetière.
La mé' Bouchut, y avait du temps
Qu'al' 'tait partie cheu ses enfants.
J' savins point trop c' qu'al' 'tait devenue,
Mais l' pourtement, ça l'allait p'us
Dépus qu'a' les avait suivus.
Ca fait qu' Farnand, il est pâssé
Dans toutes les cours, les mainsounnées,
Pour inviter à l'entarrement,
A la galette pis au vin blanc.

J'y ons tou' été. Y avait un monde !
Pour sûr, un cent ! J' charchins l'enlombe.

Hu ! Ca grâlait pour c'te Scension.
Moué, j' fasais les foins à la mainson,
J' fauchins la veille, l' lendemain, c'tait bon !
On s' tourchounnait anc nos mouchouèrs,
Devant c'te église. Faullait nous vouèr,
Anc l' curé pis ses apôt'es ;
Moué, j'attendais anrec les aut'es…

Au bout d'une heure, j'en ons eu mârre,
J'avins des suées, ça f'sait une mâre.
On l'a été cheu la Paulette
Pour l' vin blanc pis la galette.
C'est c' que j'ons dit : j' pardrons point d' temps,
Qu'on venne après ou bin avant.
Et pis, d' la tab'e, j' suivrons l' mouvement ;
Si la famille pis l'entarrement,
I' z'arrivont, j' pren'rons les rangs.

Pendant deux heures, j' nous sons calés
A bouère un coup pis mindgeounner.
Les enfants d' chœur pis la Jeannette,
I' z'en avint plein les burettes ;
J'ons minme failli fai' l'entarrement
Du pé' Constant des Quinze Arpents ;
I' s'est quasiment étranguié
Anc la galette du boulanger.
I' coummençait qui s' fasait tard,
J' pensins p'us trop au corbillard,

Quanque tout d'un coup rent'e au café,
Mon gârs Farnand anc un papier :
"D'vinez vouèr bin c' que dans l' courrier,
Ma p'tite vouésine, al' a trouvé :
Une p'tite carte… de la mé' Bouchut.
Sa vésicule, a' s'en r'ssent p'us,
Al' est partie jusqu'à fin mai
Bin loin queuque part aux Pyrénées ;
C'est épatant, tous ceux vouéyages,
Anrec les clubes du trouèsième âge !"
I' rigolait en s'ensauvant.
Quel animiau, c' bon diou d' Farnand !
La Paulette, t'arais vu sa tête :
"Tu m' les payeras toutes mes galettes !"

I' r'vint l' lendemain, j' 'tais à la remise.
On rigolait anc ses bêtises :
"Bah ! Vaut mieux s' moquier d'un vivant,
Qu' faire à un mort soun entarrement.
Mais, à propos, si j' vins cheu toué,
C'est que j' venais pour t'inviter
A l'entarrement du pé' Constant
Des Quinze Arpents.
I' s'est, c'te foués, bin étranguié
Anc la galette du boulanger.
Mais j't'invite s'ment qu'à l'entarrement,
Pa'ce que…
Y a point d' galette pis point d' vin blanc."

La Bascule à Viaux

Dans le Berry campagnard de 1950 (disons), le pèse-personne ne trône pas encore dans les salles de bains. On se préoccupe peu de ses kilos superflus, et pas plus de régime hypocalorique. On ne contrôle son poids que dans des circonstances exceptionnelles : pour la pesée du veau par exemple.

C'est la "bascule" qui est utilisée pour cette tâche. La bascule est une balance pour charges lourdes dont le plateau robuste fait plus d'un demi-mètre carré. Tout le monde y défile après le veau, presque sans angoisse d'avoir grossi... sauf le veau peut-être.

Su' c'te bascule, on y pèse tout :
L'avouène, les viaux, les mondes pis tout.
J'y pesons tou' nos sacs de blé,
Des grous pleins sacs bin affaîtés.
Y a cent kilos, des foués cent vingt.
Dans des Saints-Frères, ça les tint bin.
Oh ! Mais su' ma bascule à viaux,
Tu peux y mett'e deux cents kilos.

C'est pour ça, qu' quanqu'on pèse un viau,
A' craint pas d'y laisser la piau.

Mes viaux,
J' les dounne à guié' p'us d' cent kilos ;
Tu comptes en p'us l' pouèds du cârré,
Ca t' fait cent trente, des foués pâssés,
Mais ça craint pas de m' la câsser.

Un cârré, vous counnaissez ?
Un cârré, c'est … c'est coumme une cage
Anc deux bârriaux ou deux pâssages
Voù qu' c'est que l' viau, i' peut s' fourrer
Et pis sorti' après la p'sée.
Tu l' bârres dedans, tu l' prends au nez,
T'attends qu'il aye fini d' danser,
Tu pèses ta târe pis ta denrée ;
Tu l' pousses au cul après la p'sée.
Mais à chaque foués qu'on pèse un viau,
Toute la famille, après l' bestiau,
A' s' pèse en cœur, minme la vouésine,
Qu'a' vint aussi, la grousse Sandrine.
A' mindgeounne bin, pis a' forcit,
Mais ça la fâche quanqu'on y dit.

Au mouès darnier, nout'e viau
Fasait guié' p'us d' souéxante kilos,
Pis la Sandrine, les quater-vingts,

Anc son mantiau pis ses patins.

Quanque j'ons eu fait une aut'e pesée,
Au mouès d'après, l' viau, i' fasait
Quatre-vingt-trouès, oûté l' cârré.
Faut pas qu' tu souéyes bin ameillé,
Un viau qu'il est d'une bounne venue,
Prend son kilo, pas moins pas d' p'us,
Dans sa jornée. C'est pas vilain !
Si j' fasins ça, ça pousserait loin.

Ca fait que
Tout l' monde s' pèse après l' torrin,
Toute la mainson, minme l' gamin.
La Sandrine, a' quitte ses patins,
Pis son mantiau pour fai' moins d' pouèds :
"Allez, dis-moué combin que j' fais ;
J'aspère pas prend'e autant qu' ton viau,
J' mange que des patates à l'iau.",
Qu'a' m' dit, histouère de s'amuser
Tout en guchant pour se péser.

J'avais réglé su' l' pouèds du viau,
A' d'vait fai' quatre-vingts kilos,
Mais la bascule, al' en v'lait pas,
Faullait que j'y rajoute du poids :
"Bon diou, que j' fais, t'as mieux poussé
Encore que l' viau ; t'as trépassé

Les cent kilos. V'là qu' tu porcines,
Ma p'tite Sandrine."
A' s'est sauvée, la pou're vouésine,
Al' a attrapé son bârriau,
A' courait bin anc ses kilos.
J'en bougins p'us, j'en r'mouvins pas.
D'un coup, ça vint une vouèx du bas,
Une vouèx d' gamin qu'a' dit doucement :
"C'est dix foués dix que ça fait cent ?"
C'atait l' gamin d' la mainson,
J'y prêtins pas trop d'attention.
I' f'sait ses d'vouèrs et son calcul :
I' s'tait siésé su' la bascule !

Un p'tit Tour

Y en a qui disent que nout'e pays
Il est pas bin trop bin joli,
Qu'y a pas la plage, qu'y a s'ment point d'iau,
Que nos collines grimpont pas haut,
Qu' ça l'a tout juss'e de l'agrément
Quand l' souleil dounne, l'été durant.
Bin moué, j' l'eume bin nout'e vieux pays.
J' vas pas vous fai' d' la poésie,
Mais moué, je l'eume en toutes saisons :
Au ch'tit temps coumme à la mosson.

J'eume bin marcher anrec un bouès,
Après l'ouvrage, quanque ça l' parmet,
Au fond des poches, un bout d' tabac,
Pis ma vieille chienne darrié' mes pas.

J' pâsse au jardin vouèr si ça leuve ;
Tins, y a l' lapin qui mange mes reuves.

J' descends p'us creux au fond des prés.
Dans ceux grandes rouâches, j' peine à marcher.
La chienne, a' prend juss'e mon fréyé.

C'est bin rarement si j' leuvons point
Un jau, une poule, minme un lapin
Qui tape du pied en l'vant l' patin.

Su' la rivière, y a des carbots
Qu'i' z'affûtont c' qui tombe à l'iau,
Des guerlutons qui fertillont :
C'est les p'tits frères des aut'es possons.
Aux papelliers, y a d'accrochtés
Des grous ramiers après s' biger.
Dans un pacage tout frais râsé,
L' vieux chevau gris du pé' Couté
Vint s'ar'poser d' sa bordée.

J'ar'prends en long l' chemin des prés
Garni d' bouchures des deux coûtés.
Y a des moniaux, des sansounnets,
Y a des marlots pis des agasses ;
Ca fait l' potin pis ça badrasse.

J' gâgne mon goûter tout l' long du chemin.
J' cueille des poterelles, (j' counnais les coins.)
Des belles oreilles de papelliers
Qu'a' s' récartont coumme des bouquiets.
Anrec une œu', ç s' laisse manger.

J'ons eu d' la pleue, c'est ressuyé.
Ca goutte un peu su' une p'tite borne.

Y a les gârriches qu'a' tirent les cornes.
V'là des lumas : trouès gris, un blanc,
Su' une arande, au bout du champ.
J' vas les monter dans mon pochon,
J' les f'rai grâler à la mainson.

Au bout du chemin, y a une pardrix,
Al' 'tait tapée sous des ouèsils.
Al' a volé su' l' faît du champ,
A' s'est posée en un rin d' temps
Près du foussé, à l'Arpent blanc.
Rendue à pattes, a' tire du cou,
Et pis j' la perds dans les perroux.

Ca patte aux pieds dans les garets,
On force de p'us su' les jarrets.

Y a la Toussaint qu'al' est pas loin,
Tout est peigné au canadien.
J' f'rons les embleuves d'ici queuques jours
Si ça s' ressuye dans les labours.

J' finirais bin s'ment mon p'tit tour
Par ma p'tite vigne des Trouès Aubiers.
Y a trouès, quat'e poummes su' mes poummiers,
J'en ramènerai pour l' souper.
L' souleil, i' s' couche pas bin trop laid,
On dirait que l' vent veut r'monter.

J'aurons du biau pour fai' l'ouvrage.
Et bin tant mieux, c'est pas doummage.

Y en a qui disent que nout'e pays,
Il est pas bin trop bin joli.
J' vas pas vous fai' d' la poésie,
Mais moué, j' l'eume bin nout'e vieux pays.
C'est d' ceux contrées qu'a' sont modess'es,
Qu'a montront pas yeu' vraies richesses.
Ar'garde-la don' un p'tit peu mieux,
D'un peu p'us près, anc une œil neu'.
Tu y trouveras queuque chouse de biau
Mais qui s' dit pas anrec des mots.
Et pis,
Tu t' sentiras d'un coup bénaise, heureux,
D'êt'e avant tout qu'un cul terreux.

Petit Glossaire berrichon

A

A', Al' : elle
Ab'e (une) : arbre
Aberluté : ébloui
Abernaudir (s') : se gâter en parlant du temps
Abiglanché : abîmé, en mauvais état
Abonde : faire de l'abonde : fournir largement, augmenter le volume
Aborgeon (un ou une) : sillon ou rang plus court que les autres, à la pointe d'un champ
Aborneu (une) : géomètre, métreur, arpenteur
Accuter (s') : s'asseoir
Acni : las, fatigué
Acrasé : déformation phonétique d'écraser
Affaîter : remplir jusqu'en haut, mettre au faîte. Parfois, battre ou tuer
Aff'ner : donner du foin aux bêtes
Affreuseté (une) : laideur, horreur
Affûter : épier
Agasse (une) : une pie
Allucher : ici confondu avec "allicher" : séduire, allécher
Ameiller (s') : se faire du tracas, du souci
Amignauder : flatter
Amusard : paresseux, incapable de suivre un rythme de travail
Anc ou **Anrec** : avec
Apidance (n m) : nourriture
Araignère (une) : araignée
Arande (une) : andain de paille
Arantéle (une) : toile d'araignée
Ar'culer : reculer
Areuiller (s') : être surpris, porter un vif intérêt pour quelqu'un

ou quelque chose
Aronce (une) : ronce
Ar'pris : pris, participe passé de prendre
Artou (une) : un orteil
Atteler : peut signifier "être courageux."
Aubellier : oublier
Aubier (une ou un) : le saule
Auvu : vu, participe passé de voir
Avouène (une) : avoine
Aveugue : aveugle

B

Babou (un) : coquelicot
Badrasser : parler abondamment pour ne pas dire grand chose
Bâiller : parler fort, crier
Bârrer (s') : renfermer, se renfermer
Bârriau (un) : barrière, portillon
Barrière (sauter la) : mourir
Basiot (un) : idiot, imbécile, de peu de raisonnement
Bassiner : ennuyer, déranger
Bâssins (pl) : mancherons de la charrue
Bécher : percer la coquille pour les poussins ou les oisillons qui viennent de naître
Bénaise : à l'aise
Berdin (un) : idiot
Berlot (le) : dernier repas amélioré où l'on fête la fin de la moisson ou d'autres longs travaux
Berlu : qui louche ou qui voit mal
Bérouette (une) : brouette

Bérouettée (une) : contenu d'une brouette
Berriaud (un) : Berrichon
Biber : boire, gober
Biger : embrasser
Bigeoué (un) : visage, tête
Biquette (une) : jeune chèvre
Bise-bise (en) : en désaccord
Bitchon (un) : chevreau
Blanc (être à blanc d'iau) : recouvert par l'eau des crues
Blette (une) : betterave
Bofuter : mépriser
Bordâiller : approcher, être au bord de
Bordée (une) : journée de travail
Bordi : embourbé ou, au figuré, être en fâcheuse posture
Bosselée (une) : mesure agraire de surface, variable selon les régions
Bouchure (une) : buisson
Bouère (dessus) : en avoir suffisamment pour ses boissons quotidiennes
Bossiau (un) : boisseau
Bouès (un) : bois mais aussi bâton en bois
Bouète (une) : déformation de boite
Bouffer : souffler
Bouquiet (un) : au pluriel, désigne les fleurs, en règle générale
Bournille (la) : la boue
Bousiner : s'occuper à des riens, faire un travail lentement, sans entrain
Braillou : qui est fort en gueule ou qui pleure souvent
Bremment : correctement, méticuleusement
Breuiller : meugler et, au figuré, crier
Bricolin(e) : jeune ouvrier (ou ouvrière) commis aux petites tâches de la ferme
Buie (la) : lessive d'autrefois

C

Cacoué (le) : la tête
Cagnaud : piteux, peu fier de soi
Canon (un) : terme non spécifique au Berry. Désigne le contenu d'un verre. (1/8° de litre de vin)
Carbot (un) : chevesne, poisson d'eau douce
Carcas (un) : zone de terre peu fertile
Carder : peiner
Carnassière (une) : carnier à gibier
Cârré (un) : cage de bois où l'on enferme un animal avant de le peser
Cârrer : danser
Carroué' (un) : carrefour, intersection en campagne
Causant : bavard
Censément : presque, quasiment
Chachouin : chafouin, mais surtout, ici, qui est pince sans rire
Chausser : porter, mettre. Des lunettes, par exemple
Châgne dret (faire) : figure de gymnastique appelée trépied ou poirier
Chavant (un) : hibou, chat-huant
Cheinte (une) : bout de champ ou de vigne
Chérant : se dit d'une personne qui vend ses produits trop cher
Chie-mou (le) : herbe des champs, la mercuriale, aux vertus laxatives
Chie-vaut-rin : expression désignant une personne très avare
Ch'tit, chétit : mauvais ou petit. Adjectif très utilisé, et qui a de nombreuses nuances
Chieuve (une) : chèvre
Claviau (un) : gros hameçon
Cordée (une) : corde de bois, équivaut à un certain nombre de stères

Coub'e (un) : couple
Couer : couver
Couèle (une) : corbeau
Couri' (prend'e son veut-i couri') : s'en aller en courant
Creuve-sa' : (le) : altération de "crève-sac", herbe des champs
Creyab'e : déformation de croyable
Creyint : croyaient
Cui' : cuire
Cul plat (être à) : être assis à même le sol
Cuper : cracher
Curer : nettoyer

D

Danseux (un) : danseur
Darrié' : derrière
Débauche (une) : "y a pa d' débauche", c'est-à-dire pas de temps perdu dans le travail
Déberteller : ôter les bretelles
Débourrer : démarrer, en parlant de la végétation au printemps
Debziller : abîmer, casser
Décaniller : se sauver rapidement
Décesser : arrêter, cesser
Défunter : mourir, (le mot est ici imaginé)
Dégarciller : abîmer
Dégorné : vilain
Dégouèser : parler
Déminfier (se) : se méfier
Dénaît'e : devenir enragé, mourir
Dépatter (se) : nettoyer ses chaussures, les roues d'un

véhicule
Déploutounner : dérouler
Derdon (un) : déformation d'édredon
Dessinure (une) : dessin
Détrempe (être en bounne) : se dit d'un terrain ni trop humide ni trop sec, que l'on va pouvoir travailler sans plus attendre
D'vantiau (un) : tablier
Devenir : confondu avec le verbe revenir
Déverjuter : déborder
Disab'e (pas) : qui ne peut se dire, indicible
Doummage (aller au) : aller où il n'est pas permis d'aller (surtout pour les animaux)
Douzil (un) : chantepleure ou robinet d'un fût. "Rogner l' douzil" : ne pas faire de vendange
Droyère ou Droyé' (une) : femme
Durer (le temps, i' m' dure) : trouver le temps long

E

Ecaler : écosser
Eccuper : occuper
Echardon (une ou un) : chardon
Egiller (s') : se mouvoir avec beaucoup d'aisance
Embleuves ou Emblaves (les) : semailles
Emaginer : imaginer
Enkuloser (s') : déformation libre de "s'enkyloser"
Enlombe (l') : l'ombre
Enrue (une) : raie de charrue dans un labour
Enter' ou Entermi : entre
Ensauver (s') : se sauver

Envaler : avaler
Eplétant : se dit d'un travail facile à faire
Ereins (les) : les reins
Esquinter : abîmer
Eto (une) : auto
Eumer : aimer

F

Façon (une) : désigne tous les travaux de préparation ou d'entretien du sol
Fait (être fait comme) : être dans l'état de
Faît (le) : sommet, faîte
Faraud : fier
Faucher (un) : rapace diurne, le faucon crécerelle
Farme (avoir de) : en fermage
Ferlasser : faire un bruit de ferraille
Fignolant : se dit d'un travail précis, difficile à réaliser, que l'on fignole
Fluber : siffler
F'nasse (la) : mauvais foin
F'ner : faire les foins
Foin (faire le) : faire du bruit
Fossoyeux : fossoyeur
Forcir : grossir
Fougaler : précipiter le mouvement, chasser devant soi, énerver
Fourchat (un) : fourche
Fourgounner : remuer en faisant du bruit
Fourrer (se) : se mettre, se loger
Fréyé (un) : passage, petit sentier

Fromer : fermer
Frutier (un) : arbre fruitier
Fumelle (une) : femme

G

Gabille (une) : toupie
Gabillon (tourner à la) : tourner au bout d'un rang lorsque l'on est à plusieurs : le premier prend le rang le plus proche de lui, le dernier prend le plus éloigné
Gâcher : envahir pour une plante traçante ou qui se reproduit trop facilement
Gaîte : gaie
Gamay : cépage de vigne (terme non régional)
Garelle (ombre) : ombre légère, pénétrée par endroits par le soleil
Garet (un) : guéret, terre labourée
Gâriolé : de plusieurs couleurs
Gârriche (une) : petit escargot à coquille claire ou bicolore
Gassouillat (un) : trou d'eau, flaque
Genauder : geler
Géromium (un) : déformation libre de géranium
Gonf'e : gonflé, enflé
Gorgani (le) : gosier
Gouche : ancien cépage de vigne
Goule (la) : figure, visage
Goutte (la) : l'eau-de-vie
Grâler : chauffer ou cuire
Graver : monter, grimper
Gravoucher : piocher superficiellement
Gris (le) : vin rosé
Grous bé' (un) : moineau domestique

Gruselle (une) : groseille
Guche (un) : perchoir
Gucher : monter
Guerlounner : sonner, faire un bruit de grelot
Guière ou Guié' : guère
Gueriotte (une) : griotte, cerise
Guerluton (un) : vairon, petit poisson d'eau douce

H

Haïssaberie ou Haïssabeté (féminin): caractère désagréable, acariâtre d'une personne
Hardi (trouver) : trouver à redire
Hectogénaire (un) : déformation libre "d'octogénaire"

I

I' : il
Igneau (un) : agneau
Inhument (un) : déformation libre d'inhumation

J

Jalouseté (la) : jalousie
Japper (le) : la parole
Jau (un) : coq (coq de basse-cour, coq faisan…)
Jeune (un peu) : trop court
Jouter : jouxter, toucher
Jus (au jus de) : tout près de
Juss'e : juste

L

Laid (faire) : faire une mine qui exprime le mécontentement
Lembouri (le) : nombril
Liche : gourmand
Licher : boire ou lécher
Liétron (un) : herbe des champs, laiteron
Liméro (un) : déformation libre de “numéro”
Lieuve (un) : lièvre
Luma (un) : escargot

M

Mainson d’école (la) : école
Mainsounnée (la) : la famille vivant au foyer
Manque (un) : désigne des plants manquant dans une vigne ou un champ
Mârer : piocher
Marivole (une) : coccinelle
Marsèche (la) : orge
Maximose (la) : déformation libre de mixomatose
Mé’ (la) : mère
Mente (une) : mensonge
Menterie (une) : mensonge
Mindgeounner : manger
Minme : même
Mire : mis, participe passé de mettre
Mirettes (les) : yeux (terme non régional)
Mondes (les) : les gens en général
Moniaux (les) : les petits oiseaux en général
Montrée (une) : parcelle qu’on loue dans une forêt ou un bois pour en couper le bois de chauffage

Mouver (se) : se bouger, remuer
Mue (une) : peite cage grillagée où l'on enferme la volaille

N

Naulet (le p'tit) : l'enfant Jésus
Naviau (un) : navet
Neyé : noyé
Neu' (e) : neuf ou neuve
Niger : habiter ou faire son nid
Nohia : Noha, cépage de vigne

O

Œu' (une ou un) : œuf
Oreille (une) : champignon (tous ceux qui poussent sur des souches d'arbre)
Oubellier ou Aubellier : oublier
Oueille (une) : brebis
Ouèsil (une) : de l'osier
Oûter : déformation de ôter

P

Papellier (un) : peuplier
Parlement (le) : la parole, l'art oratoire
Parpaillère (la) : poitrine
Parsille : se dit d'une pêche dont la chair adhère au noyau
Pâssée (une) : coin d'un champ de céréales que l'on fauchait

à la main pour que la moissonneuse-lieuse ne soit pas gênée
Patin (un) : pantoufle
Patin (lever le) : se sauver, s'en aller
Pautiner : toucher ou caresser
Pau're ou Pou're : pauvre
Pé' (le) : père
Pend(e)ler : pendre, suspendre
Périère (une) : prière
Perroux (un) : terre caillouteuse
Pétigré (le) : pedigree
Pharmacerie (la) : pharmacie ou médicament
Picassé : troué ou plein de taches de couleurs
Pis : puis
Platiau (un) : feuille plate de nénuphar
Pleue (la) : pluie
Pleyer : plier
Pleyon (le) : allusion triviale au manque de vigueur du sexe masculin
Plot (un) : grosse souche coupée que l'on pouvait utiliser, notamment, pour fendre du bois
Poinçon (un) : tonneau
Pompette : (non régional) ivre
Porciner : grossir
Poterelles : champignon en général
Potin (le) : vacarme, bruit (non régional)
Pour (en) : en échange de
Pou're ou Pau're : pauvre
Pourriau (un) : poireau
Pourtement (le) : état de santé
Pressouèr (un) : pressoir
Prospectation (une) : déformation libre de "prospection"
P'us : plus

Q

Quieue-de-poulain (la) : herbe des champs, prêle
Qu'ri' : quérir, (aller) chercher

R

Rabouiller : remuer le fond de la rivière notamment (voir *La Rabouilleuse* de Balzac)
Ragnassou (un) : personne qui fait trop de bruit
Rapia : avare
Récarter : épandre, répandre
Renard (tirer au) : se défendre en tirant de toutes ses forces
Renprès : près de
Rensârrer : ranger, renfermer
Reuve (une) : rave
Ribouler : écarquiller les yeux
Rider : faire de légères rides à la surface de l'eau
Rollon (un) : barreau d'échelle
Rollouèr (un) : machine qui érafle ou écrase le raisin avant qu'il ne soit mis au pressoir
Roin (un) : trace profonde laissée par les roues d'un véhicule
Rouâche (une) : grand roseau des prés
Rouette (une) : allée, ruelle du lit
Rouger : ronger ou manger
Rouiche (une) : rouge-gorge
Rouinger : ruminer
Roumiounner : ronchonner ou avoir de sombres pensées
Roûti' : rôtir

S

Sapré : sacré
Sarcher : chercher
Sarvab'e : souvent utilisé dans sa forme négative "pas sarvab'e", c'est-à-dire "vilain"
Sauteriau (un) : sauterelle
Sauvageon (un) : pousse non greffée
Sauve : sauvé
Serrer : 1) geler 2) rentrer, mettre à l'abri, protéger
Siaulnée (une) : saulnée, pièges à oiseaux
Siésé : assis
S'ment : seulement
Souventefoués : souvent
S'riner : (non régional) ici, dire d'une voix aiguë

T

Taiseux : silencieux
Taper (se) : se cacher, se tapir
Tasounner : bricoler, faire de petits travaux ou travailler sans énergie
Té (un) : petit abri, clapier, soue à cochons
Temps (dans des coups de temps) : en de pareils moments
Tenir : être à la tête d'une ferme
Terjou's ou Toujou's : toujours
Tersu : tordu
Têtaud (un) : têtard, arbre dont on coupe régulièrement les branches à hauteur
Torrin (un) : jeune taureau, veau de sexe mâle
Tôrs : hypocrite, retors

Touèle (une) : toile (d'araignée)
Toujou's ou Terjou's : toujours
Tourchounner (se) : s'essuyer
Tourte (une) : tourterelle
Toût : tôt
Traîne (une) : buisson ou sentier
Trépâsser : dépasser

V

Vengeatif : rancunier
Venue (être d'une bounne venue) : bien pousser, grandir
Vert (se mettre à vert) : s'habiller de vert
Veson (le) : nervosité d'un animal causée par les insectes. Nervosité de façon générale
Virer (se virer les sangs) : s'ennuyer, s'impatienter
Virounner : tourner impatiemment
Volant (un) : serpe à long manche, croissant
Vou bin : ou bien
Voù : où
Vouéture (une) : charrette, remorque
Vouèx (une) : voix
V'siller : se déplacer rapidement
Vu-dire (des) : des ouï-dire
Vusé : usé

Y

Yeu' : leur, leurs
Yoper : avaler

Table des Matières

Detfunt l'Ugène

Histoires de mon Pays

La Bouinotte

Presse, Edition, Communication, Animation
1, rue de Provence - 36000 Châteauroux
Té. : 02 54 60 08 06
Courriel : La-bouinotte@wanadoo.fr
www.la-bouinotte.org

Achevé d'imprimer sur les presses de Color 36 (Indre),
Dépôt légal, novembre 2005